Mosaik bei
GOLDMANN

Buch

Fast jeder leidet unter Energieräubern in seiner Umgebung. Besserwisser, Streithähne, Schleimer – anhand von Beispielen aus Alltag, Arbeitswelt und Privatleben entlarven die Autoren zwölf verschiedene Typen solcher Psychovampire und erläutern, warum ihre Attacken so effektiv sein können. Praktische Methoden und fachlich fundierte Übungen und Checklisten zeigen auf, wie man sich von diesen Energieräubern abgrenzt, wie man negative Einflüsse ins Positive wenden und wie man mit den eigenen Ressourcen besser umgehen kann.

Autoren

Dr. Hamid Peseschkian arbeitet als Facharzt für Psychiatrie, Psychotherapie und Neurologie und ist Geschäftsführer eines führenden psychotherapeutischen Ausbildungsinstitutes. Als Dozent hält er Seminare zu den Themen Life-Balance, Konfliktmanagement und Stressbewältigung. Er lebt mit seiner Familie in Mainz.
Connie Voigt arbeitet als Journalistin, Kommunikationsexpertin und Coach für Führungskräfte. Sie ist Dozentin für Kommunikation und Human Resource Management, leitet Workshops und hält Vorträge zu ihrem Spezialgebiet »Interkulturelle Leadership«. Sie lebt in Zürich.

Hamid Peseschkian
Connie Voigt

Psychovampire

Über den positiven Umgang
mit Energieräubern

Mosaik bei
GOLDMANN

Die Ratschläge in diesem Buch wurden von den Autoren und vom Verlag sorgfältig erwogen und geprüft, dennoch kann eine Garantie nicht übernommen werden. Eine Haftung der Autoren bzw. des Verlags und seiner Beauftragten für Personen-, Sach- und Vermögensschäden ist ausgeschlossen.

Verlagsgruppe Random House FSC-DEU-0100
Das für dieses Buch verwendete FSC®-zertifizierte Papier *Classic 95*
liefert Stora Enso, Finnland.

Vollständige Taschenbuchausgabe März 2011
Wilhelm Goldmann Verlag, München,
in der Verlagsgruppe Random House GmbH
© 2009 Orell Füssli Verlag AG, Zürich
Umschlaggestaltung: Uno Werbeagentur, München
Satz: Buch-Werkstatt GmbH, Bad Aibling
Druck und Bindung: GGP Media GmbH, Pößneck
CH · Herstellung: IH
Printed in Germany
ISBN 978-3-442-17162-0

www.mosaik-goldmann.de

INHALT

Vorwort 11
Einleitung 13

TEIL 1 17

KAPITEL 1 18
Das Phänomen der Psychovampire 18

KAPITEL 2 23
Psychovampirtypen 23

KAPITEL 3 31
Geschichten häufiger Psychovampirtypen 31
Der Fallstrick-Vampir 34
Der Ja-aber-Vampir 40
Der depressive Vampir 44
Der Denkmalpflege-Vampir 53
Der Kühlschrank-Vampir 61
Der ignorante Vampir 66
Der Himalaja-Vampir 70
Der höfliche Vampir 77
Der Experten-Vampir 83

Tanz der Vampire: Ein Management-Team von
Nasen-Vampir, Wolf-im-Schafspelz-Vampir und
Ich-bin-es-nicht-gewesen-Vampir 89

TEIL 2 99

KAPITEL 4 100
Vampirentlarvung 100
Kurze, wiederholte Attacken
hinterlassen nachhaltige Spuren. 102
Warnsignale für den »stummen« Vampir 104
Der Universalvampir 106
Typische Vampirsprüche 107
Identifizierungsetappen 109

KAPITEL 5 117
**Warum wir jemanden als Psychovampir
erleben.** 117
Der Stellenwert des Selbstwertgefühls 121

KAPITEL 6 132
Therapeutischer Exkurs:
Selbsthilfe mit der Positiven Psychotherapie 132
Hoffnung 133
Balance 136
Selbsthilfe 142

Inhalt

KAPITEL 7 148
**Vorbeugende Maßnahmen und
Immunisierungstechniken** 148
Fremdbestimmt versus selbstbestimmt 148
Die Immunisierung 150
Grundimmunisierung durch Energieverteilung 158

KAPITEL 8 160
Umgang mit Vampir-Notfallsituationen 160
Überfall am Telefon 161
Ad-hoc-Angriffe 162
Tipps für Notfälle 163

KAPITEL 9 169
Selbstanalyse: Der Psychovampir-Test 169
Bin ich vampirgefährdet? 169
Bin ich für andere ein Psychovampir? 173

Was nun? 180
Register 185

*Den besonderen Menschen in meinem Leben
in Liebe und Dankbarkeit gewidmet.
Ihr habt mir geholfen – trotz Psychovampiren –,
mein inneres und äußeres Lächeln zu behalten.*
                                Hamid Peseschkian

*Den Psychovampiren
für ihre Inspiration gewidmet.*
                Connie Voigt

VORWORT

Die bewusste Begegnung mit dem Phänomen der Psychovampire fand zunächst in psychotherapeutischen Sitzungen mit meinen Patienten und Klienten statt, die häufig über Ausgelaugtsein durch energieraubende Personen berichteten. Es fiel mir auf, dass manchmal der bloße Gedanke an eine bestimmte Person ausreichte, damit sie sich völlig ausgesaugt und leer fühlten. In diesem Zusammenhang entstand der Begriff der »Psychovampire«.

Weiterhin konnte ich während der letzten zehn Jahre in Seminaren und Trainings in verschiedenen Ländern immer wieder feststellen, dass das Leiden durch Psychovampire universell ist und (fast) jeder unter solchen Situationen leidet. Auch in meinem eigenen Umfeld musste ich einige dieser anstrengenden Zeitgenossen erkennen und mich intensiv mit ihnen auseinandersetzen.

Aus der Positiven Psychotherapie kommend, versuchte ich, auch die positiven Aspekte des Phänomens der Psychovampire zu erkennen. Mit etwas Humor ist es denn auch sehr viel einfacher, über sich selbst zu reflektieren und sich durch Psychovampire nicht so stark beeinträchtigen und beeinflussen zu lassen. Jeder von uns kann es schaffen, die Psychovampire im Leben zu kontrollieren und ein selbstbestimmtes Leben zu führen. Möge die frei gewordene Energie Ihnen und Ihren Mitmenschen zugutekommen.

Hamid Peseschkian

Vorwort

Als Journalistin, als Kommunikations- und Human-Ressource-Management-Expertin und zuletzt als Business-Coach präsentiert sich mir eine Bandbreite an Geschichten aus der Arbeitswelt. Ohne diese Geschichten werten zu wollen, gehört leider das Thema Mobbing zum Arbeitsalltag. Ein persönlicher Mobbing-Fall im eigenen Umfeld ließ mich deshalb über die Ursachen nachdenken. Habe ich mich als Mobbing-Opfer angeboten? Präsentiert sich das Opfer dem Täter nicht manchmal selbst? Indem wir uns abgrenzen, können wir negative Einflüsse so sehr entkräften, dass sie umgeleitet werden. Darum geht es in diesem Buch.

Connie Voigt

Die Hälfte der Gedanken und Erfahrungen dieses Buches stammt aus dem Leben und Erleben der Autoren. Wir überlassen es der Fantasie unserer Leserinnen und Leser, welche Hälfte es ist.

EINLEITUNG

Wer oder was ist ein Psychovampir? Wie kommt es zu dieser Bezeichnung? Was macht ein Psychovampir mit anderen Menschen? Warum ist es so bedeutsam, diese Energieräuber für sich zu erkennen?

Der Begriff »Psychovampir« ist ein metaphorischer Begriff zur Vereinfachung des Verständnisses von Menschen, die uns Energie rauben. Er ist mit einem Augenzwinkern zu verstehen, aber gleichzeitig auch sehr ernst zu nehmen.

Jeder Mensch kennt das Gefühl, durch die Begegnung mit einer anderen Person emotionale, psychische, mentale und körperliche Energie zu verlieren. Im Alltag analysieren wir nicht näher, weshalb wir diesen Energieverlust erleben, da wir unsere Beziehungen zu unseren Mitmenschen oft als gegeben hinnehmen und viele Ärgernisse auf die Arbeit schieben. Manche von uns suchen sogar den Grund für diese negativen Gefühle bei sich selbst. Da wir heute in einer Zeit leben, in der es tendenziell »in« ist, gestresst zu sein, gehört es beinahe zum guten Ton, sich abends geschafft zu fühlen. Diese Akzeptanz des salonfähigen Müdeseins ist Selbstbetrug. Denn oftmals liegt dieser Müdigkeit ein tief gehender emotionaler Stress zugrunde, der ganz unbemerkt in unserem individuellen Umfeld entsteht.

Dieses Buch geht davon aus, dass wir alle von Energieräubern oder Psychovampiren umgeben sein können, die uns in emotionalen Stress versetzen. Die Palette der Vampirtypen

Einleitung

ist dabei äußerst vielfältig, denn diese kommen in ganz unterschiedlichen Gewändern daher. Die zwölf von den Autoren identifizierten Psychovampirtypen werden im ersten Teil des Buches charakterisiert und anhand von wahren Geschichten vorgestellt. Grundsätzlich herrscht bei Situationen mit vampirischen Menschen ein Ungleichgewicht zwischen dem, was wir an Energie investieren, und dem, was wir zurückerhalten. Bei den einen ist der Psychovampir der Chef, der Projektleiter, der Ex-Partner, der Teamkollege, bei anderen sind es die Eltern, der Ehepartner oder die Freundin. In jedem der beschriebenen Fälle wird der psychologische Mechanismus der Begegnung mit dem jeweiligen Vampirtypen erläutert.

Der zweite Teil des Buches widmet sich der praktischen Selbstreflexion. Zunächst geht es in Kapitel 4 um die Entlarvung von Psychovampiren im nächsten Umfeld. Unterschiedliche Methoden helfen bei der Erkennung von möglichen Vampiren und vampirischen Situationen.

Anschließend geht es in Kapitel 5 in die Tiefe der Psychologie. Warum erleben wir andere als Psychovampire? Was sind die Gründe unserer Angreifbarkeit? Psychovampire reaktivieren meist alte Wunden der »Opfer« und haben somit einen Katalysator-Effekt. Der »Täter« im Psychovampir braucht seinerseits die Energie anderer Menschen, da er seine eigenen Defizite durch andere kompensieren muss. Der Stellenwert des Selbstwertgefühls ist hierbei zentral, denn sowohl Täter als auch Opfer haben ein mangelndes Selbstwertgefühl!

Das Kapitel 6 stellt einen therapeutischen Exkurs zur Verfügung. Hierbei dient die Methode der Positiven Psychotherapie als Grundlage für eine mögliche Selbsthilfe. Präventiv-Checks unterstützen dabei eine angebotene Selbstanalyse für diejenigen, die in die Tiefe gehen wollen. Vorbeugende Maßnahmen und Immunisierungstechniken beim Umgang mit Energieräubern werden im Kapitel 7 erläutert. Auch hierfür stehen praktische Checklisten zur Reflexion zur Verfügung, die das Phänomen der Fremdbestimmtheit untersuchen. Ziel jedes Menschen ist es, ein Leben in weitgehender Selbstbestimmtheit zu führen.

Schließlich ist das unerwartete Angriffsmoment eine typische Technik des Psychovampirs. In Kapitel 8 sollen Beispiele und Tipps zur Ad-hoc-Entwaffnung verhelfen. Als Nächstes (Kapitel 9) kann mithilfe der Psychovampirtests individuell untersucht werden, ob Signale gesendet werden, die Psychovampire als Einladung zum »Angriff« identifizieren. Umgekehrt kann jeder für sich herausfinden, ob er oder sie vielleicht selbst ein Psychovampir für andere ist – falls der eigene Vampirismus nicht bereits im ersten Teil als Verdacht zutage kam. Jeder von uns kann für seine Umwelt zum Psychovampir werden – oft ohne es zu wissen oder gar zu wollen.

Übergeordnetes Ziel dieses Buches ist es, Opfern zunächst die Augen für Psychovampire zu öffnen und dann Methoden aufzuzeigen, wie sie sich schützen können – denn andere Menschen zu ändern ist (fast) unmöglich. Psychovampire für sich selbst unschädlich zu machen, ist nicht einfach, aber möglich, und es liegt in unserer Hand.

Dieses Buch beschäftigt sich somit nicht in erster Linie damit, was andere alles verändern sollten, da dies sowieso nicht viel Aussicht auf Erfolg hat. Vielmehr setzt es bei dem *einen* Menschen an, den jeder von uns am ehesten ändern kann – nämlich bei sich selbst. Denn letztlich müssen wir uns eingestehen, dass wir selbst dem Psychovampir die Macht über uns geben. Es ist unsere (unbewusste) Entscheidung, dass eine bestimmte Person so viel Macht über uns hat. Wir müssen also lernen, wie man kraftvoll in einer beruflichen oder privaten Beziehung selbstbestimmt leben kann und aus ihr Positives schöpft.

TEIL 1

KAPITEL 1

Das Phänomen der Psychovampire

Gesund ist nicht derjenige, der keine Probleme hat, sondern der, der in der Lage ist, positiv mit ihnen umzugehen.

(aus der Positiven Psychotherapie)

Haben Sie auch schon folgende Situationen erlebt? Oder erleben Sie solche gar tagtäglich?

Situation 1:
Die Ärztin Florence (34) kommt nach ihrem Urlaub erholt an ihren Arbeitsplatz in der Klinik zurück. Sie hat im Urlaub ihre Batterien aufgeladen und hat Lust und Energie, ihre Arbeit wieder aufzunehmen. Eine Krankenschwester begrüßt sie auf dem Flur im Vorbeigehen mit den Worten: »Warum lächeln Sie so? Macht es Ihnen etwa Spaß, wieder zu arbeiten?« Florence verliert durch diese negative Bemerkung in Sekundenschnelle die Freude an der Arbeit. Sie fühlt sich ausgelaugt, hat keine Lust mehr und fühlt sich schon fast wieder urlaubsreif.

Situation 2:
Kai (38) hat eine Idee für ein Buch, das er schreiben möchte, und erzählt sie seiner Freundin. Diese reagiert umgehend mit Skepsis, ohne die Hintergründe zu kennen: »Darüber gibt es doch bereits Bücher, dann muss deines aber ganz besonders gut sein, und das wird schwierig.« Kai empfindet diese Bemerkung nicht nur als respektlos, sondern auch als niederschmetternd. Er verspürt über die fehlende Unterstützung seiner Freundin eine Mischung aus Wut und Enttäuschung. Er fühlt sich durch ihre Reaktion ausgelaugt. Die Freundin wundert sich über sein Verhalten. (»Du bist immer so empfindlich. Ich habe dir nur meine Meinung gesagt. Du willst doch immer, dass ich offen und ehrlich bin.«)

Situation 3:
Felicitas (24) studiert Psychologie in einer Großstadt und fährt übers Wochenende zu ihren Eltern aufs Land. Sie freut sich, ihnen über ihre Erlebnisse an der Universität berichten zu können, darüber, was sie erlebt und über sich selbst in den Seminaren erfahren hat. Kaum zu Hause angekommen, legt sie gleich los, um sogleich von der Mutter jäh unterbrochen zu werden: »Mein Kind, du siehst so blass und dünn aus. Isst du denn auch richtig in der Stadt? Wie ist denn das Wetter bei euch?« Keiner geht auf die Gedanken und Wünsche von Felicitas ein. Sie hat das Gefühl, dass ihre Eltern kein echtes Interesse an ihr haben, ist am Boden zerstört und ärgert sich über sich selbst, dass sie sich ihnen ge-

genüber wieder geöffnet hat, obwohl sie es eigentlich hätte besser wissen müssen.

Wie würden Sie in der Rolle von Florence, Kai oder Felicitas reagieren? Lassen Sie uns herausfinden, was hier passiert ist. In allen drei Fällen haben sich die »Opfer« von Psychovampiren demoralisieren lassen, ohne den eigentlichen Grund zu kennen. Es sind typische Alltagssituationen, die eigentlich Kleinigkeiten darstellen. Aber je nachdem, was der Psychovampir als Person oder seine Kritik in mir auslöst, reagiere ich stärker oder schwächer.

Wie diese drei beschriebenen Personen hat jeder von uns grundsätzlich einige sensible Punkte, die sich im Laufe seines bisherigen Lebens entwickelt haben. Sie sind uns meistens nicht bewusst, oder wir glauben, dieses Problem bereits gelöst zu haben. Psychovampire erkennen scheinbar in Sekundenschnelle diesen sensiblen Punkt und drücken auf den »Knopf«. Dieser löst jedes Mal die gleiche Reaktion aus – auch Jahre später. Psychovampire davon abzuhalten, auf den Knopf zu drücken, ist zwecklos bzw. unmöglich, wenn die eigene Schwäche aus der Vergangenheit gar nicht erkannt ist. Unsere erste Reaktion ist zwar die, uns vor dem Psychovampir zu verteidigen, mit ihm zu reden und ihn sozusagen auf den Pfad der Tugend zurückzuführen. Die therapeutische Erfahrung zeigt jedoch, dass dies meistens ein recht zweckloses Unterfangen ist. Wie soll ich all diejenigen Personen, die mir Tag für Tag begegnen, davon abhalten, ihre Kommentare abzugeben? Also geht es darum, die eigenen Angriffspunkte zu erkennen, sie zu bearbeiten oder zu lernen, sie zu kontrollieren. Nur so können wir der Opferrolle entfliehen und selbstbestimmte Menschen werden.

> Wer sich über Jahre von Personen oder auch Situationen fremdbestimmen lässt, bezahlt später mit einer grundsätzlichen Lebensunzufriedenheit und mit wachsender Passivität.

Weshalb haben die Psychovampire Krankenschwester, Freundin und Eltern zugeschlagen? Haben sie es überhaupt bewusst getan? Wie stabil sind sie in ihrer eigenen Lebenssituation? Sind sie notorische Nörgler und Pessimisten, deren Zweifel ihr eigenes Leben bestimmen? Wie selbstbestimmt sind Psychovampire, und in welchem Ausmaß lassen sich die drei Opfer von den Vampiren in ihrem unmittelbaren Umfeld fremdbestimmen? Wie kann es sein, dass Psychovampire eine solche Macht über andere haben, und warum geben ihre Opfer ihnen unbewusst und unbeabsichtigt diese Macht? Wie erkennen potenzielle Opfer die Spiele und Techniken der Psychovampire, und wie können sie sich schützen und nachhaltig »immunisieren«?

Jeder strebt danach, als selbstbestimmter Mensch die eigene Energie nach eigener Dosierung zu nutzen und zu investieren. Der Psychovampir regiert über die Selbstbestimmtheit anderer – er macht andere zu fremdbestimmten Wesen. Wer sich über Jahre von Personen oder auch ganzen Situationen fremdbestimmen lässt, bezahlt später mit einer grundsätzlichen Lebensunzufriedenheit und mit wachsender Passivität. In bestimmten Fällen können diese Situationen zu Depressionen und zu einem Rückzug aus dem Leben führen sowie zu psychosomatischen Beschwerden und Unlust.

Eine nachhaltige Befreiung aus den Klammergriffen der Psychovampire kann nur durch Selbstreflexion und Veränderung der eigenen Einstellung entstehen. Haben wir die psychologischen Mechanismen bei uns selbst und bei unserem Gegenüber einmal erkannt, dann können wir uns konkrete Wege überlegen, wie wir den Psychovampir loswerden. Wenn wir Entscheidungen treffen, ohne uns die Mechanismen bewusst gemacht zu haben, hält der Effekt nur kurz an, und wir sind anfällig für den nächsten Psychovampir, der bestimmt auftauchen wird. Im Fokus der Betrachtungen stehen demnach nicht nur – wie so oft – die Profile der »Täter«, also der Psychovampire, sondern vornehmlich die der Opfer. Wenn wir den Mechanismus erkennen, können wir an uns selbst arbeiten – ob als Psychovampir oder als Opfer.

KAPITEL 2

Psychovampirtypen

> *»Wer das Ziel kennt, kann entscheiden,*
> *wer entscheidet, findet Ruhe, wer Ruhe findet,*
> *ist sicher, wer sicher ist, kann überlegen,*
> *wer überlegt, kann verbessern.«*
> (Orientalische Weisheit)

Psychovampire kommen in unterschiedlichen Gewändern daher. Zur Verdeutlichung dieser Typen geben wir ihnen jeweils charakterisierende Namen und zeigen das Kurzprofil ihrer Opfer auf. Psychovampire und »Psychovampiressen« – es gibt sowohl die männliche als auch die weibliche Form – erscheinen in unterschiedlicher Intensität. Auf manche Menschen treffen die Beschreibungen vollständig zu; andere zeigen vielleicht eher abgeschwächte Symptome eines Typs. Es gibt aber auch Menschen, auf die mehrere Typbeschreibungen zutreffen. Wer von der einen Person als Vampir wahrgenommen wird, der kann in seiner Beziehung zu einer anderen auch das Verhalten eines Opfers annehmen. Kurz gesagt, jeder Mensch kann Psychovampir und Opfer zugleich sein. Sowohl Vampir als auch Opfer kompensieren meistens Lücken in ihrem Selbstwertgefühl. Dazu ausführlicher in der tiefer gehenden Analyse im therapeutischen Exkurs in Kapitel 6.

Der Fallstrick-Vampir
Dieser Typus überschätzt sich grundsätzlich selbst. Er lässt so gut wie nie Widerspruch zu, ist uneinsichtig, despotisch und fühlt sich unersetzlich. Meist ist der Fallstrick-Vampir ein Narzisst. Sollte der Fallstrick-Vampir ein Chef sein, saugt er mit großer Wahrscheinlichkeit seine Mitarbeitenden aus, die es ihm nie recht machen können. Damit sind sie Opfer seiner Falle.

Der Ja-aber-Vampir
Seine Kraft erlangt dieser Psychovampir dadurch, dass er seine Reaktion auf Ideen oder allgemeine Äußerungen anderer mit dem Leitsatz beginnt: »Ja, aber …« Diese Grundhaltung wird als negativistisch und anstrengend erlebt, da der Psychovampir viele Gründe anführt, warum er etwas nicht ändern oder tun kann.

Der depressive Psychovampir
Er trägt die Last der ganzen Welt auf seinen Schultern, läuft ständig mit einem leidenden Gesicht herum. Alles ist ihm zu schwer, im Grunde auch sein ganzes Dasein. Er hat zwar viel Zeit, erledigt aber kaum etwas und bekommt wenig geregelt. Dabei ist er ich-zentriert und lebt in der Grundhaltung: »Mir geht es schlecht, und ihr müsst mich aufbauen,

begeistern, ermutigen, Freude bringen etc.« Er quält sich durch den Tag und zieht somit das Umfeld emotional und stimmungsmäßig herunter.

Der Denkmalpflege-Vampir

Diesem Typen wäre es am liebsten, wenn die Welt stehen bliebe. Er folgt seinem Leitsatz: »Das haben wir immer schon so gemacht.« Er hasst Veränderungen und hält es mit dem Slogan: »Wenn es eine andere gute Idee gegeben hätte, dann hätte ich sie schon längst gehabt.« Die Zeiten ändern sich für den Denkmalpflege-Vampir nicht. Seine Opfer sind kreative Menschen und Nachfolger an Firmenspitzen, die mit ihren Innovationen bei ihm auf Granit beißen.

Der Kühlschrank-Vampir

Wer kennt nicht die Szenen, in denen eine »Du hörst mir nie zu, wenn ich ein Problem habe«-schluchzende Ehefrau am Esstisch sitzt, während ihr Ehemann nach flüchtigem Zuhören plötzlich verkündet, den Hund noch ausführen zu wollen. Dieser emotional kühle Vampir ist vermutlich in seiner Außenwelt anerkannt und hoch geschätzt, aber auf der Beziehungsebene mehr sach- als personenorientiert. Er lässt seine – meist sehr sensiblen – Opfer im Regen stehen.

Der ignorante Vampir

Das Phänomenale an diesem Gesellen ist, dass er zwar fragt, wie es einem geht, an einer Antwort aber überhaupt nicht interessiert ist und seine Opfer völlig ins Leere laufen lässt. Der ignorante Vampir äußert etwas, man möchte Stellung nehmen, aber er hört gar nicht zu, wendet sich stattdessen anderen Personen zu. Potenzielle Opfer dieses Typs werden von einem Gefühl der Leere befallen und glauben, langweilig zu sein. Sie suchen die Fehler bei sich.

Der Himalaja-Vampir

Dieser Vampir will hoch hinaus, nämlich immer wieder den höchsten Gipfel erklimmen. Er tut dies mit einer erstickenden Erwartungshaltung an seine Umwelt. Ob von den eigenen Kindern oder von Mitarbeitenden – er fordert stets eine unmöglich zu erbringende Leistung. Und falls diese unerwartet erreicht werden sollte, dann wertet er sie sogleich ab (»Das kann doch jeder. Das war doch nicht schwer.«). Wer keinen Erfolg hat, den lässt der Himalaja-Vampir links liegen. Er zermartert andere und auch sich selbst, denn er will immer höher hinaus und kommt doch nie ans Ziel, weil er dieses immer wieder neu steckt. Er kommt innerlich nie zur Ruhe und gibt sein Gefühl der Unzufriedenheit an andere weiter.

Der höfliche Vampir

Zu viel Höflichkeit kann auch Energie absaugen. Obwohl dieser Vampir niemandem zur Last fallen will, fällt er gerade deshalb besonders zur Last. Da er ständig helfen möchte, überfordert er sich und schafft dadurch neue Probleme für andere. Wenn er sich als nicht-IT-versierter Mensch trotz der angebotenen Hilfe eines Kollegen einen Computer kauft, der völlig veraltet ist, dann betreibt letztlich der Kollege einen größeren Aufwand, wenn er das Modell in ein neues umtauschen muss. Wenn man den höflichen Vampir in ein Restaurant einlädt und fragt, was er trinken möchte, dann lautet die Antwort: »Was trinkst du denn? Mir ist egal, was.« So muss man immer wieder nachfragen, bis der andere sich endlich entscheidet. Die zurückhaltende Art des Psychovampirs wird als extrem anstrengend erlebt.

Der Nasen-Vampir

Dieser steckt seine Nase so ziemlich überall da hinein, wo sie nicht hingehört. Mit seinem Drang, sich in die Angelegenheiten anderer einzumischen, sorgt er, wenn auch meist ungewollt, für Chaos und zahlreiche Missverständnisse unter den vielen, unnütz involvierten Opfern, die er in eigentlich belanglose Geschichten hineinzieht. Eigentlich will der Nasen-Vampir mit seiner Einmischung Ordnung schaffen, erreichen tut er das Gegenteil. Meist kommt er als nicht identifizierter Drahtzieher ungeschoren davon.

Der Wolf-im-Schafspelz-Vampir

Diese Person wirkt zunächst freundlich und unauffällig, hat es aber sozusagen faustdick hinter den Ohren. Man fällt immer wieder auf sie herein. Häufig ist die Person bösartig und nur oberflächlich freundlich und angepasst. Erschwerend kommt hinzu, dass die meisten Menschen diesen Psychovampir nicht erkennen.

Der Ich-bin-es-nicht-gewesen-Vampir

Genossen dieser Art sind beispielsweise die Chefs, die es über Jahre versäumt haben, die richtige Strategie zu fahren und die dann beim Konkurs der Firma alle Schuld auf die Belegschaft schieben. Sie »hätten nicht genügend Arbeit geliefert, sonst würde der Laden noch gesund sein«. Dieser Vampir erkennt sein eigenes Defizit nicht, nämlich dass er unfähig ist, Verantwortung zu tragen und die Kontrolle zu behalten.

Der Experten-Vampir

Er hat keine Ahnung, hält sich aber für einen Experten. Er weiß auf jede schwierige Situation eine Antwort, ist ein Besserwisser und verletzt und verärgert mit seinen oberflächlichen Ratschlägen die anderen. Der Experten-Psychovampir frisst die Zeit seiner Opfer, denn er holt mit seinem angeblichen Wissen weit aus. Wer es wagt, ihm zu sagen, dass er keine Ahnung hat von dem, was er sagt, riskiert ein dauerhaft kompliziertes Verhältnis mit diesem Vampir.

Sind Ihnen einige dieser Situationen bekannt – als Opfer oder als Vampir? Dann sollten Sie weiterlesen (falls nicht, dann trotzdem weiterlesen). Wir zeigen Ihnen, wie Sie sich als potenzielles Opfer von diesen Psychovampirtypen nachhaltig abgrenzen können. Sie verändern Ihr Verhalten, und der Vampir sieht Sie nicht mehr als mögliches Opfer, bzw. er verliert seine Macht über Sie, obwohl er sein Verhalten vielleicht gar nicht verändert hat. Haben Sie sich hingegen gerade selbst als einen Psychovampir enttarnt, dann ist es ebenfalls ratsam, weiterzulesen, um zu verstehen, wie andere Sie sehen und warum gewisse Situationen so sind, wie Sie sie vielleicht noch gar nicht wahrgenommen haben.

Die genauen Mechanismen, wie ein Psychovampir die Schwachpunkte seiner potenziellen Opfer erkennt, bleiben trotz allen psychologischen Erklärungsversuchen ein Mysterium. Sie sind vergleichbar mit dem Phänomen der Liebe auf den ersten Blick. Deshalb ist der Mechanismus bei Vampiren gefährlich. Und deshalb liegt es an den Opfern, die Situationen zu verändern, indem sie an sich arbeiten.

Paradoxerweise finden sich die Psychovampire fast immer in der unmittelbaren Umgebung. Sie sind der Gefühlswelt ihrer Opfer sehr nah, ob als direkter Vorgesetzter oder als Familienangehöriger. Dadurch erklärt sich der rasche Zugang zum Herzen und zu den Schwachpunkten des jeweiligen Opfers. Und da uns der Vampir so nahesteht, reagieren wir übermäßig sensibel auf Handlungen oder Äußerungen, die vielleicht in anderen Fällen mit weniger nahestehenden Menschen an uns vorbeigerauscht wären. Gleichzeitig macht es den Umgang mit den Psychovampiren so schwierig, denn viele von ihnen kann man halt nicht feuern und sich von ihnen vollständig zurückziehen. Den Partner, die Kinder, den Chef, die Schwiegermutter oder den Nachbarn zu entlassen, ist kaum möglich. Also bleibt nur der Aufbau eines Selbstschutzes.

Die Allegorie mit Psychovampiren verhilft zu einer positiven Sichtweise von unausgeglichenen zwischenmenschlichen Beziehungen. Man könnte sagen, dass Psychovampire jedem von uns zu einer schnellen kostenlosen Selbsterfahrung, einer Kurzanalyse, die in Therapien mehrere Jahre dauern könnte, verhelfen – leider ohne dass wir sie darum gebeten haben. Mit den folgenden Fallbeispielen, die aus dem Leben und den Erfahrungen der Autoren gegriffen sind, verstehen Sie während des Lesens viele Situationen, die Sie seit Jahren erleben, aber vielleicht nie zu analysieren oder richtig einzuordnen vermochten.

KAPITEL 3

Geschichten häufiger Psychovampirtypen

Theorie und Praxis der Menschenkenntnis

Ein gelehriger junger Mann, den es nach Wissen und Weisheit dürstete, hatte unter vielen Entbehrungen fern seiner Heimat, in Ägypten, die Physiognomie, die Wissenschaft der Ausdruckskunde, studiert. Sechs Jahre hatten seine Studien gedauert. Schließlich legte er seine Prüfung mit bestem Erfolg ab. Voll Freude und Stolz ritt er in seine Heimat zurück. Jeden, den er unterwegs traf, sah er mit den Augen seiner Wissenschaft an, und um seine Kenntnisse zu erweitern, las er im Gesichtsausdruck aller, die ihm begegneten.

Eines Tages traf er einen Mann, in dessen Gesicht er folgende sechs Eigenschaften ausgeprägt fand: Neid, Eifersucht, Gier, Habsucht, Geiz und Rücksichtslosigkeit. »Bei Gott, was für ein ungeheurer Gesichtsausdruck, so etwas habe ich noch nie gesehen und gehört. Ich könnte hier meine Theorie prüfen.« Während er dies dachte, kam der Fremde mit einer freundlichen, gütigen und demütigen Haltung auf ihn zu: »O Scheich! Es ist schon spät am Tage, und das nächste Dorf ist weit weg. Meine Hütte ist klein und dunkel, aber ich werde dich auf meinen Armen tragen. Welche Ehre wäre es für mich, wenn ich dich diese Nacht meinen Gast nennen dürfte, und wie glücklich würde mich deine Anwesenheit machen!« Verwundert dachte unser Reisender: »Wie erstaunlich! Welch ein Unterschied besteht zwischen den Reden dieses Fremden und seinem abscheulichen Gesichtsausdruck.«

Diese Erkenntnis erschreckte ihn zutiefst, er begann an dem, was er über sechs Jahre gelernt hatte, zu zweifeln. Um sich Gewissheit zu verschaffen, nahm er die Einladung des Fremden an. Dieser verwöhnte den Gelehrten mit Tee, Kaffee, Säften, Gebäck und einer Wasserpfeife. Er überhäufte seinen Gast mit Liebenswürdigkeiten, mit Aufmerksamkeit, Güte und Höflichkeit. Drei Tage und Nächte gelang es dem Gastgeber, unseren Reisenden bei sich zu halten. Endlich war es dem Gelehrten möglich, sich der gastfreundlichen Höflichkeit zu erwehren und den festen Entschluss zur Weiterreise zu fassen.

Als der Abschied gekommen war, reichte sein Gastgeber ihm einen Briefumschlag mit den Worten: »O Herr! Das ist Eure Rechnung.« »Welche Rechnung?«, fragte verwundert der Gelehrte. Wie man ein Schwert aus der Scheide zieht, zeigte der Gastgeber plötzlich sein wahres Gesicht. Er zog seine Stirn in strenge Falten und schrie mit böser Stimmer: »So eine Unverschämtheit! Was hast du dir denn gedacht, als du hier alles gegessen hast? Hast du gedacht, dass alles umsonst war?« Bei diesen Worten kam der Gelehrte mit einem Schlag zu sich, und schweigend öffnete er den Brief. Er sah, dass das, was er gegessen und nicht gegessen hatte, hundertfach in Rechnung gestellt worden war. Nicht die Hälfte des Geldes trug er bei sich, das von ihm gefordert wurde. Notgedrungen stieg er vom Pferd und gab es seinem Wirt, dazu den Sattel mit allem Gepäck, und als dies noch nicht reichte, zog er auch noch sein Reisekleid aus.

Zu Fuß machte er sich auf den Weg. Wie verzückt beugte er seinen Oberkörper bei jedem Schritt und Tritt. Man hörte noch über eine lange Strecke seine Stimme: »Gott sei Dank, Gott sei Dank, dass meine sechs Jahre Studium nicht vergeblich waren!« (Nach 'Abdu'l-Bahá)*

In den folgenden Fallbeispielen erläutern wir, mit welchen »Methoden« die verschiedenen Psychovampirtypen ihre eigenen Defizite kompensieren und wie ihre individuellen Opfer auf ihre »Attacken« reagieren. Die Opfer ihrerseits zeichnen sich dadurch aus, dass sie aufgrund eines meist geringen Selbstwertgefühls, ob temporärer Natur oder im Dauerzustand, von den Vampiren unbewusst ausgewählt – man könnte fast sagen, auserwählt – werden. Potenzielle Opfer werden sozusagen nach Bauchgefühl und nach ihren ersten Reaktionen im Gespräch »erkannt«. Wie unsichtbare Signale sendet das Opfer bestimmte Zeichen, die der Psychovampir als Empfänger aufnimmt. Und wenn beide, Opfer wie Vampir, wie Schlüssel und Schloss zueinander passen, dann ist es »um das Opfer geschehen«.

Zu unterscheiden sind diejenigen Psychovampire, die konstant im Leben anderer existieren und damit anderen, meist nahestehenden Personen routinemäßig Energie ab-

---

* *Aus: Der Kaufmann und der Papagei; Fischer Taschenbuch Verlag, Bd. 3300, S. 137/38; Copyright © S. Fischer Verlag GmbH, Frankfurt am Main, 1979.*

saugen, von solchen Vampiren, die nur in situativen Attacken bei Menschen zubeißen, die vielleicht vorübergehend in ihrem Selbstbewusstsein geschwächt sind (analog zu den Beispielen der Ärztin Florence und des Autors Kai).

DER FALLSTRICK-VAMPIR

Wenn der Chef mit Fallstricken seine Belegschaft stranguliert

Wer kennt ihn nicht, den Despoten im Chef? Er – oder vielleicht auch sie – ist egozentrisch, überschätzt sich selbst, lässt Widerspruch so gut wie nie zu, weiß alles besser und fühlt sich unersetzlich. Er – und wir bleiben beim »er«, da es nur wenige Frauen in den Chefetagen gibt – legt seinen Opfern einen Strick um den Hals. Er reagiert sein Bedürfnis nach Anerkennung und Erledigung seiner Angelegenheiten an seinen Opfern ab, die den Strick zunächst gar nicht wahrnehmen. Erst später wirkt der »Würgegriff«.

Beispiel:
Ein Chef öffnet, ohne anzuklopfen, die Tür des Büros seines Finanzmanagers und macht ihn mit einer unmissverständlichen Dringlichkeit darauf aufmerksam, dass er innerhalb von zwei Tagen eine komplette Aufstellung der Finanzen für seine Präsentation im Vorstand benötige. »Das hat absolu-

te Priorität«, fügt er hinzu. Der Finanzmanager lässt daraufhin wichtige Projekte liegen und beginnt mit der Arbeit für den Chef. Nur wenige Stunden später braust der Chef wieder in sein Büro und erkundigt sich nach dem Stand der Dinge bei anderen Projekten. Der Finanzmanager betont, dass er gerade an dem dringenden Projekt (Aufstellung der Finanzen für den Chef) arbeite, worauf der Chef schnöde antwortet: »Ein Mann in Ihrer Position muss in der Lage sein, mehrere Aufgaben gleichzeitig zu erledigen.« Der Manager lässt sich von diesen Äußerungen für den Rest seines Tages die Laune verderben. Er reagiert mit Wut, die er jedoch nicht zeigt. Da sich Situationen dieser Art tagtäglich wiederholen, reagiert der Manager mittelfristig mit psychosomatischen Beschwerden (Magenkrämpfen) und Unlust. Er denkt zunehmend über den Wechsel in eine andere Firma nach.

Das Täterprofil:
Beim Fallstrick-Vampir gibt es mindestens zwei Variationen: Der Vampir kann eine narzisstische Persönlichkeit sein, die meint, dass ihre Angelegenheiten von größerer Relevanz seien als die Probleme anderer. Dieser Vampir hat einen Mangel an Einfühlungsvermögen in die Gefühlswelt und das Erleben seiner Mitmenschen bei gleichzeitiger Überempfindlichkeit auf Kritik von anderen. Wut und Abwertung sind die gängigsten Reaktionen auf Kritik seitens der Umwelt.

Sehr häufig gilt bei diesem Vampirtypen auch das Prinzip der sofortigen Triebbefriedigung. Bei Kindern ist es völlig normal (bis zu einem bestimmten Alter), wenn sie ein Bedürfnis oder einen Wunsch sofort erfüllt haben möchten: »Ich will aber jetzt was trinken. Ich muss aber jetzt auf die Toilette. Ich kann nicht fünf Minuten warten.« Bei Erwachsenen lässt sich dies leider manchmal auch beobachten: Der Chef, der den Mitarbeiter zu sich zitiert, um eine Angelegenheit sofort erledigen zu lassen, obwohl er dies dem Mitarbeiter bei der Besprechung, die in einer Stunde stattfindet, mitteilen könnte; oder jemand, der sich ärgert, warum der andere nicht ans Handy geht, jetzt, da er mit ihm sprechen muss. Mit diesem Verhalten setzen Täter ihre Opfer stark unter Druck.

Das Opferprofil:

Opfer des Fallstrick-Vampirs brauchen häufig viel Anerkennung von außen und suchen den Grund des Scheiterns bei sich selbst. Sie möchten es dem Fallstrick-Vampir immer recht machen und haben, wie der Vampir, ein niedriges Selbstwertgefühl. Ihr Grundverhalten ist oft eine Idealisierung des Vampirs, da sie häufig gar nicht erkennen, dass der Psychovampir selbst unter mangelndem Selbstbewusstsein leidet.

Der psychologische Mechanismus:
Für den Unterdrücker, hier den Chef, passiert nichts schnell genug. Mitmenschen können bei ihm nicht gewinnen, ihnen wird so oder so ein Fallstrick umgelegt. Die Mitmenschen des Fallstrick-Vampirs sind Opfer eines grundlegenden Misstrauens gegenüber den Fähigkeiten anderer, was auf ein niedriges Selbstwertgefühl des Psychovampirs hindeutet. Der Vampir muss andere abwerten, um sich selbst gut zu fühlen. Ein gutes Bild ist eine Wippe, wie man sie auf Spielplätzen findet: Wenn ich den anderen herunterdrücke, dann bin ich oben. Die Abwertung des anderen führt zunächst zu einer Erhöhung meines Selbstwertgefühls, die jedoch nicht von langer Dauer ist. Da oft kein rationaler Grund für das fehlende Vertrauen in die Fähigkeiten anderer vorliegt, kann dem Fallstrick-Vampir wahnhaftes Verhalten vorgehalten werden – er bezieht alles auf sich und deutet Handlungen als feindlich und gegen ihn gerichtet.

Beide Lebenspartner legen sich gegenseitig den Fallstrick um
Fallstrick-Vampire treffen gern privat aufeinander und finden sich manchmal wegen des gleich gesinnten Schlagabtausches anziehend. Sie bilden eine gegenseitige Herausforderung, was bei einer Beziehung zu Beginn höchst explosiv und erotisch ist. Doch sobald die Fronten klar sind, beginnt der Machtkampf. Aus psychologischer Sicht lässt sich kurz anmerken, dass fast alle zwischenmenschlichen Probleme

Geschichten häufiger Psychovampirtypen

sich um drei Themen drehen: Liebe, Macht und Geld. Wobei die Macht besonders im folgenden Beispiel eine wesentliche Rolle spielt und somit zum entscheidenden Faktor wird.

Beispiel:
Stefan W. und Stefanie B. leben seit neun Jahren zusammen. Ihre Beziehung ist jedoch seit zwei Jahren zu einer Zweckbeziehung degradiert, die mittlerweile rein beruflich motiviert ist. Beide sind erfolgreich und kämpferisch. Sie bemerken beide nicht, dass der Grund ihres Zusammenbleibens darauf beruht, sich gegenseitig Beachtung abzuverlangen und von grenzenlosen Erfolgen zu träumen. Sie betrachten ihre Probleme als einzigartig, die nur von besonderen Menschen verstanden werden können, nämlich von ihnen selbst. Ihr innerer Druck, Anerkennung zu erhalten, ist unvergleichlich höher als bei anderen Menschen, denn sie beschäftigen sich ständig damit, nach mehr Macht zu streben. Aufmerksamkeit und Bewunderung holen sie sich beim anderen, indem sie sich ihre Erfolgsgeschichten auftischen.

Doch zugleich vergleichen sie auch ihre Erfolge, da sie sich ständig miteinander messen müssen. Sie sind mit starken Neidgefühlen beschäftigt. So erzählt Stefan seiner Liebhaberin Sandra Z., dass er sehr viel mehr Geld verdiene als Stefanie, auch wenn sie mehr im Rampenlicht stehe als er. »Ich habe in meinem Beruf als Berater sehr viel mehr Spielraum und Möglichkeiten als sie«, sagt Stefan mit großer Überheblichkeit.

Opfer- und Täterprofil:
Beide sind wettbewerbs-, d.h. rein ziel- oder ergebnisorientiert, haben eine (zu) hohe Selbsteinschätzung und den Ehrgeiz, sich konstant an gleich starken Menschen zu orientieren und sich miteinander zu messen.

Der psychologische Mechanismus:
Beide Vampire haben ein geringes Selbstwertgefühl, das sie aber jeweils bei sich nicht erkennen. Somit sind beide zugleich Täter der Machtkämpfe und Opfer ihrer gegenseitigen Fallstricke. Sie saugen sich gegenseitig aus.

> **Gegengift für Fallstrick-Vampire:**
> Wenn Sie erkannt haben, dass Ihr Gegenüber ein Narzisst ist, d.h. jemand, der nie genug Anerkennung bekommen kann und dem Sie es nie recht machen können, dann versuchen Sie es auch nicht. Besinnen Sie sich auf Ihre Stärken und Fähigkeiten, und ziehen Sie Ihr Programm einfach durch, ohne sich beirren zu lassen.

Geschichten häufiger Psychovampirtypen

DER JA-ABER-VAMPIR

Mitarbeitende nagen an den Nerven des Chefs

Stellen Sie sich vor, Sie sind Projektleiter und haben die Verantwortung für ein Team von zwanzig Leuten. Sie lancieren gerade ein neues Projekt, sind voller Elan und Tatkraft und stellen fest, dass zwei Mitarbeitende nicht mitziehen wollen. Sie können als rational denkender, ergebnisorientierter Projektleiter nicht nachvollziehen, wo bei den beiden das Problem liegt, denn Sie haben ihnen das Vorhaben von A bis Z in einleuchtenden Details dargelegt. Es bleibt Ihnen ein Rätsel, weshalb die beiden ständig Zweifel an ihrer Rolle und dem gesamten Projekt anmelden.

Gesprächsbeispiele:

Projektleiter zu Mitarbeiter 1: »Herr J., ich denke, Sie sollten sich alleinverantwortlich des IT-Bereichs annehmen. Sie haben nun genug Erfahrung und haben die Beförderung verdient.«

Herr J.: »Ja, aber ich habe doch im Support-Bereich viel zu wenig Ahnung. Was soll ich denn machen, wenn da was schiefläuft? Und überhaupt, finde ich, gibt es bei diesem Projekt viel zu viele Risiken.«

Offensichtlich hat der Projektleiter diesen Mitarbeitenden überschätzt, weil er seinen emotionalen Zustand nicht kannte.

Auch das Problem mit der neu eingestellten Assistentin muss er lösen, deren Vorgängerin bereits das Unternehmen verlassen hat und somit nicht für eine Einarbeitung sorgen kann.

Projektleiter zu Mitarbeiterin 2: »Frau A., Sie sind neu im Team, aber ich denke, Sie brauchen sich nicht wegen jeder Kleinigkeit bei mir abzusichern. Das raubt meine Zeit, und Ihre Anliegen sind nicht so kompliziert, dass Sie diese nicht eigenständig lösen können.«

Frau A.: »Ja, aber als neue Mitarbeiterin muss ich doch alles nachfragen und mich bei Ihnen absichern. Das dauert eben zu Anfang länger, und deswegen sollten Sie Überstunden anordnen.«

Der Projektleiter hat kein Budget für Überstunden eingeplant, und die sollten auch nicht nötig sein, findet er. Immer wenn er Frau A. sieht, macht sie einen überlasteten und erschöpften Eindruck. Nach einigen Minuten im Gespräch mit ihr fühlt er sich ausgesaugt und muss innerlich kämpfen, um sich bei Laune zu halten. Zuwendungen materieller Art oder Anerkennung sind bei Frau A. nur von sehr kurzem Erfolg gekrönt, da bei ihr rasch wieder die notorische Vorwurfshaltung eintritt. Anfänglich hat der Projektleiter viel Energie in Frau A. investiert, damit sie eingearbeitet wird und sich gut einlebt. Aber ihre ständige Unsicherheit, die mit den Worten »ja, aber« eingeleitet wird, macht ihn nicht nur aggressiv, sondern auch hilflos.

Geschichten häufiger Psychovampirtypen

Täterprofil Herr J.

Unser Ja-aber-Psychovampir sieht in Möglichkeiten und Chancen nur Probleme, und oft hat er bereits im Vorfeld Angst, den Anforderungen nicht gewachsen zu sein. Eine Beförderung lehnt er ab, da damit höhere Erwartungen an ihn gestellt würden und er Verantwortung übernehmen müsste. Er ist das klassische »graue Mäuschen«. Er lässt andere die wichtigsten Entscheidungen für sich treffen, pflichtet anderen stets bei – auch dann, wenn er diese im Unrecht sieht –, um nur nicht abgewiesen zu werden. Seine permanente Angst und Unsicherheit bringt ergebnisorientierte Mitmenschen, wie z. B. Vorgesetzte, in Rage.

Täterprofil Frau A.

Diese Ja-aber-Psychovampiresse ist ebenfalls entscheidungsschwach oder -unfähig, sucht ständig Rat, ist geneigt, anderen beizupflichten, handelt wie eine Fahne im Wind, verfügt über keine Eigeninitiative und keine Eigenaktivität, was sich häufig verbal manifestiert in Bemerkungen wie: »Was soll ich machen? Wie lange ist die Einarbeitungszeit? Wer ist mein Ansprechpartner, wenn ich Fragen habe?« Sie braucht viel Lob und Bestätigung, wirkt und fühlt sich oft hilflos, macht viele Fehler, ist unmotiviert, unselbständig und ist durch Kritik oder Ablehnung leicht zu verletzen.

Opferprofil:
Opfer sind ziel- und ergebnisorientierte Menschen, die es gewohnt sind, Dinge und Probleme aktiv anzupacken, und dies auch von anderen erwarten (»Macher-Typen«). Da es für sie keine unmöglichen Aufgaben gibt und sie den Ehrgeiz haben, alle bewältigen zu wollen, sind sie oft gestresst. Dieser Stress verstärkt sich durch Bremser wie die Ja-aber-Vampire. Der Macher-Typ wird jedoch von anderen auch als Psychovampir erlebt, da er sehr zielorientiert ist und auf persönliche Schwächen etc. nicht eingeht und weil seine Beziehungsfähigkeit oft nicht besonders ausgeprägt ist. Der Macher-Typ stößt oft an seine Grenzen, wenn er Personalverantwortung übernimmt und dann mit seiner rein zielorientierten Vorgehensweise nicht auskommt und keine Bewältigungsstrategie auf der Prozessebene erlernt hat.

Der psychologische Mechanismus:
Das gering ausgebildete Selbstwertgefühl der Ja-aber-Vampire löst in den Opfern Fürsorge-Aktivitäten aus. Man hat das Gefühl, ein Animateur zu sein, der das Gegenüber motivieren, anspornen oder begeistern muss. Da die Opfer aber als aktive Anpacker genug zu tun haben, wird das Werkeln der Ja-aber-Vampire als lästiger Zusatzstress empfunden, der zu vermeiden wäre.

> **Gegengift für Ja-aber-Vampire:**
> In diesem Zusammenhang ist der Spruch »Der Klügere gibt nach« sehr sinnvoll. Wir verbrauchen unsere Energie beim Ja-aber-Vampir besonders dann, wenn wir immer wieder ins offene Messer laufen, d. h. immer wieder meinen, durch eine besonders kluge Aussage den anderen ändern zu können. Manchmal versucht man es jahre- oder gar jahrzehntelang vergeblich. Geben Sie es auf, aber ohne sich beleidigt zurückzuziehen. Entscheiden Sie sich bewusst, dass Sie nicht mehr bereit sind, Ihre Energie für jemanden zu opfern, der dies nicht wertschätzt.
> Gehen Sie nicht mehr auf das Argument »Ja-aber« ein, und stellen Sie den Psychovampir vor vollendete Tatsachen mit Aussagen wie »Es ist halt so«, »Vielen Dank für Ihre Meinung, aber wir werden trotzdem dieses Vorhaben durchführen« oder einfach »Danke«. Ziehen Sie dann Ihren Plan einfach durch.

DER DEPRESSIVE VAMPIR

Der depressive Sachbearbeitertyp als Chef

Zwar lastet die Welt auf den Schultern dieses Zeitgenossen, wie man so schön sagt, aber er selbst klammert sich an den Schultern seiner Mitmenschen fest, und das mit einer derartigen Schwerkraft, dass ihn andere Menschen deshalb im wahrsten Sinne des Wortes auch nicht mehr »er-tragen« können oder wollen.

Kollegen dieser Art seufzen häufig vor sich hin, obwohl auf ihrem Schreibtisch gar nicht so viel Arbeit liegt. Jede Kleinigkeit nervt sie: ob es eine Kollegin ist, die auf dem Weg zum Kopiergerät an ihnen vorbeigeht und freundlich »Hallo« sagt, oder ein Kollege, der seinen Husten nicht ablegen kann und deshalb schon seit Monaten für einen erhöhten Geräuschpegel im Großraumbüro sorgt.

Beim depressiven Vampir sind sich die Kollegen nie so recht sicher, ob er permanent schlecht drauf ist, weil ihm ständig etwas Negatives widerfährt, oder ob er einfach ein launischer Typ ist. In seiner Interpretation sind immer die anderen schuld. Es ist der Fehler der Kollegin, wenn die auf dem Weg zum Kopiergerät an ihm vorbeirauscht. Er mag nicht gestört werden in seinem Gram, und das müssten die Mitmenschen doch von selbst merken. In der Realität tun sie das aber nicht. Doch da der depressive Psychovampir davon ausgeht, glaubt er, dass alles, was um ihn herum nicht in seinem Sinne passiert, bewusst gegen ihn gerichtet ist, d. h., er glaubt, die Kollegin will ihn ärgern und nimmt nur seinetwegen eine Abkürzung an ihm vorbei. Der depressive Psychovampir entpuppt sich in seiner Depression als massiv ich-zentriert.

Nicht unbedingt einfacher wird das Zusammenarbeiten mit dem depressiven Vampir, wenn er eine Chefposition innehat. Hier eine Geschichte aus einem Verlag:

Geschichten häufiger Psychovampirtypen

Kollege Kunz ist seit drei Jahren als Chefredakteur eines Wirtschaftsmagazins tätig. Er ist Chef von zwei Personen, von denen er die eine übernommen hat, als er den Job übernahm. Es ist Astrid, eine Mitarbeiterin, die er von Beginn an nicht mag. Die beiden kommunizieren so gut wie nie miteinander, zum einen, weil sie sich nicht viel zu sagen haben, zum anderen, weil sie sich missverstehen, wenn sie miteinander sprechen. Eine Kombination, die nicht gerade zu einer glücklichen Arbeitsbeziehung beiträgt. Doch keiner von beiden zieht daraus Konsequenzen. Kunz und Astrid hüllen sich in Schweigen. So bleiben sie sich erhalten, bis Kunz während eines Asienurlaubs entscheidet, die Kollegin zu feuern.

Doch »die Ziege«, wie er sie gegenüber einer anderen Verlagskollegin betitelt, macht ihm als Macho einen Strich durch die Rechnung: Während seiner Abwesenheit kommuniziert sie im Verlag offiziell, dass sie schwanger ist. Kunz – zurück aus seinem Urlaub – ist perplex. Denn er hegt die starke Vermutung, dass sie nur seinetwegen schwanger wurde. »Die ist doch nur gerade jetzt schwanger geworden, weil sie weiß, dass ich sie feuern will und sie nun glaubt, damit ihren Job zu behalten«, beklagt er sich bei der anderen Kollegin. Die traut ihren Ohren nicht. Wie kann ein Chef glauben, dass seine Mitarbeiterin nur seinetwegen ihr Leben verändert und auf Verhütung verzichtet?

Kunz leidet offenbar an Verfolgungswahn (laienhaft ausgedrückt). Auch wenn die Kollegen ihn einfach aus Interesse fragen, wo er denn seine zweistündige Mittagszeit verbringe, faucht er lediglich zurück, dass das seine Privatangelegenheit sei. Besonders glücklich scheint seine Zeit »draußen« nie so recht zu sein. Er lächelt nie, weder vor noch nach der Mittagspause. Er kann zwar über gute Witze schallend lachen, aber ein Lächeln verirrt sich selten in sein Gesicht.

Typen wie Kunz sind äußerst schädlich für den Teamgeist, weil sie durch ihre Angst, dass andere ihnen etwas antun könnten, oftmals präventiv schlecht hinter dem Rücken anderer reden. Dies geschieht aus der Vermutung heraus, die anderen würden es sonst tun. Als Kompensation für das stark angeschlagene Selbstbewusstsein geben sich manche depressive Psychovampire in vielen Fällen arrogant – wenn sie nicht sowieso schon so wirken. Obwohl Kunz mit einer gewissen Überheblichkeit (die er immer abstreitet) versucht, seinen Frust zu überdecken, geht er immer leer aus, denn sein machohaftes Verhalten verschlimmert seine Situation, vor allem bei den Kolleginnen. Besonders in Sitzungen und gemeinsamen Treffen markiert er erhebliche Präsenz. Er mischt sich in die Angelegenheiten anderer ein, redet sie nieder, wenn er Konkurrenz verspürt – man könnte auch sagen, wenn er Angst verspürt, jemand anders könnte besser sein. Dass Kunz mit Powerfrauen Probleme bekommt, ist beinahe selbsterklärend. Sie mindern seinen Einfluss, den er sich mühsam aufgebaut hat. Erfolgreichen Kollegen und vor allem Kolleginnen begegnet er mit verstecktem Neid, was diese selten nachvollziehen können, da sie nur die arrogante Fassade wahrnehmen. So saugt dieser Psychovampir mit seinem Bündel an Frustration, Angst und Neid ganze Teams aus und wundert sich, weshalb diese immer unmotivierter werden. Den Grund für die sinkende Motivation in seinem direkten Umfeld würde Kunz aber nie bei sich sehen. Gefangen in seinen negativen Gedanken, haben bei Problemen immer die anderen Schuld. Damit entpuppt Kunz sich zusätzlich als Ich-bin-es-nicht-gewesen-Vampir. Wann immer in der Produktion oder im Online-Bereich etwas schiefläuft – Kunz hat nicht die Stärke, eigene Fehler einzugestehen, da er nicht fähig ist, diese als seine zu erkennen. Verantwortung für andere und zum Wohl des Teams zu übernehmen, ist ihm verwehrt, weil er zu sehr mit sich beschäftigt ist. Kunz befindet sich im Würgegriff seiner eigenen Defizite. Eine Befreiung aus diesem Griff wäre dann möglich, wenn er einen Hauch von Selbstreflexion aufbringen könnte.

Der depressive Unternehmertyp
»Wenn der Chef nicht im Haus ist, dann ist unser Job vergleichbar mit Wellness-Arbeit«, so heißt es unter den Mitarbeitenden in der mittelständischen Beratungsfirma im Taunus. Wenn der Chef nicht da ist, genießt die Belegschaft die Ruhe, in der sie ihrer Arbeit nachgehen kann. »Haben Sie mal schnell Zeit?«, tönt es sonst mehrmals täglich hektisch aus seinem Zimmer. Diese Aufforderung hat bei allen Mitarbeitenden Folgen: Jeder wird aus der Arbeit herausgerissen, verliert die Konzentration und fühlt sich wie ein

ausführender Diener seines Herrn. Schlimmer jedoch sind die Gründe für die Hektik des Chefs. Er muss grundsätzlich die Dinge mitteilen, die negativ sind, ob es ein Vertrag ist, der nicht zustandekam, oder Neues aus den Beraterkreisen, das er grundsätzlich negativ wertet. Lob oder Anerkennung sind Luxus für die Mitarbeitenden. Es ist ein Luxus, der ihnen verwehrt bleibt. So ist die Fluktuationsrate in der Firma überdurchschnittlich hoch. »Sobald ein neuer Mitarbeitender bei uns anfing, sprach der Chef negativ über ihn. Wir gingen davon aus, dass er über jeden von uns negativ sprach«, sagt ein ehemaliger Mitarbeiter. Zu einer guten Stimmung trägt üble Nachrede sicher nicht bei, ein Teamzusammenhalt kann gar nicht erst entstehen, nicht nur, weil die Neuen im Haus nie alt werden, sondern auch, weil keiner keinem Vertrauen schenken kann.

Simon, ein ehemaliger Mitarbeiter, erinnert sich an ein Akquisegespräch zwischen ihm, seinem Chef und einem potenziellen amerikanischen Kunden: »Jeff Goldstein, der neben seinem Business auch Harvard-Professor ist, fragte mich als neuen Mitarbeiter in der Runde, welche Herausforderungen ich in meinem Privatleben hätte. Ich fand die Frage ungewöhnlich, aber spannend, weil sie das Interesse dieses möglichen Kunden mir gegenüber signalisierte und auch zeigte, dass wir uns verstehen«, erzählt Simon. Erst drei Tage später sprach ihn sein Chef auf dieses Gespräch mit Goldstein an, denn der Auftrag ging an die größere Konkurrenzfirma. Diese Niederlage, wie er es nannte, ärgerte ihn maßlos. Er war der festen Überzeugung, dass Simon daran Schuld hatte, sprach dies aber nicht direkt an. Vielmehr pirschte er sich an Simon heran mit Fragen nach den möglichen Gründen. Er ließ ihn unterschwellig spüren, dass er ihn für schuldig hielt. Als Simon nachfragte, ob er ihn für den Verlust verantwortlich mache, erwiderte der Chef beschwichtigend: »Nein, nein.«

Simon hingegen war, sachlich gesehen, klar: Der sehr viel größere Konkurrent hatte mehr Erfahrung mit internationalen Aufträgen und erhielt den Auftrag deswegen.

Das Denkmuster des Chefs, »alle anderen haben Schuld«, entwickelte sich mit der Zeit mehr und mehr in das noch dunklere Muster des »alles ist schlecht« und »niemand kann etwas«, wie Simon leider beobachten musste. Besondere Symbolkraft hatte im Haus eine lebensgroße Skulptur, die beim Eingang zum Chefzimmer stand: ein schwarzer Geier mit matter schwarzer Patina. »Dieser Geier wirkte unheimlich auf alle, denn jeder Zweite stolperte über ihn beim Anmarsch ins Zimmer. Ich habe mich jedes Mal wieder aufs Neue erschrocken, so richtig tief erschrocken«, erinnert sich Simon noch heute lebhaft. »Diese Figur war unheimlich und hatte etwas Dunkles, Unerreichbares, genau wie der Chef.«

Charme und Witz fehlten diesem depressiven Psychovampir-Chef, der einst zu den Ikonen seiner Branche zählte. Seine Umsatzzahlen gingen denn auch um 50 Prozent zurück, und das, obwohl seine Branche boomte. Die Forecasts seiner Firma waren nur noch negativ. Die Gründe für seine Depressionen waren für seine Mitarbeitenden nicht eindeutig erklärbar. Simon vermutet, dass der inzwischen 60-Jährige eigentlich die Verantwortung für sein Unternehmen abgeben wollte, es aber nicht schaffte und als Resultat des Nicht-Loslassen-Könnens destruktive Verhaltensweisen aufwies. So stürmte er beispielsweise schäumend vor Wut aus manchen Sitzungen mit den Worten: »Das muss ich mir nicht länger anhören«, obwohl es für die Kollegen eigentlich keinen Anlass zu einem Wutanfall oder zu einem derartig geschäftsschädigenden Verhalten gab. Er zerstörte wahrscheinlich unbewusst das, was er in seinen besten Jahren alleine erfolgreich aufgebaut hatte, nur weil sein Ego es nicht zuließ, andere Personen an diesem Erfolg teilhaben zu lassen und diesen weiterzuführen.

Täterprofil:
Viele Menschen laufen aus den unterschiedlichsten Gründen Gefahr, manche auch nur phasenweise, in sehr langsamen Prozessen in eine Depression zu verfallen. Die große Gefahr dabei ist die schleichende Entwicklung, aufgrund derer die Depression auch nur schwer auszumachen ist. Das fatale Dilemma bei den depressiven Psychovampiren ist, dass auch die Umwelt, also die Opfer, deren Depression nicht erkennen. Opfer sehen nur die geschminkte Fassade der Arroganz, durch die immer Frustration durchscheint. Die Ängste werden – wenn überhaupt – erst viel später erkannt, wenn das Team nicht mehr schlagkräftig ist und andere Opfer aus

Selbstschutz und aus Gründen der eigenen Frustration ihre Waffen bereits niedergelegt haben.

Opferprofil:
Es ist für niemanden einfach, sich einer schlechten Stimmung zu entziehen. Kein anderer Psychovampir ist immun gegen den Depressiven. Er verdirbt die Stimmung, egal in welchem Umfeld. Deshalb ist das aufbauende Gegengift so wichtig.

> **Gegengift für den depressiven Vampir:**
> Versuchen Sie eine Analyse zu machen. Fragen Sie sich, was den Vampir bewegt, weshalb er schlecht drauf ist. Es ist nicht schwer, diesen Vampiren näher zu kommen, um Dinge über sie zu erfahren, denn dann fühlen sie sich geschmeichelt und umworben, was ihr Selbstbewusstsein steigert. Auch wenn diese Begegnungen einiges an innerer Überwindung kosten, da die Wahrscheinlichkeit groß ist, dass der Vampir auch schlecht über Sie redet, versuchen Sie Ihre eigene Wut ihm gegenüber zu ignorieren. Wenn Sie sich langsam heranpirschen, gewinnen Sie sein Vertrauen und könnten ihm helfen. Dies wäre das beste Gegengift, das zwar mit Aufwand und Energie verbunden ist, aber es ist die konstruktivste Weise, diesen Typus für andere und letztlich für sich selbst unschädlich zu machen.

DER DENKMALPFLEGE-VAMPIR

Elterndenkmalpflege mit Lähmungserscheinung

Beispiel:
»Kind, wir wissen ja, dass du sowieso machst, was du willst, aber wir würden an deiner Stelle nicht ein Jahr lang ins Ausland gehen«, sagt Mutter Martha zu ihrer Tochter Tanja und macht ein vorwurfsvolles und besorgtes Gesicht. Tanja ist mal wieder ziemlich genervt, dieses Gesicht sehen zu müssen. Sie fühlt sich zwischen den Stühlen und befürchtet den größten Familienkrach, wenn sie tatsächlich ihr Vorhaben wahr macht. Als Vater Viktor davon hört, wird Tanja Drohungen ausgesetzt: »Wenn du dich für das Jahr in Frankreich entscheidest, dann rede ich nicht mehr mit dir«, so der Vater. Wie die meisten Teenager wankt auch Tanja zwischen Fremdbestimmtheit durch die Eltern, wie es in der Kindheit und Jugendzeit üblich ist, und dem zunehmenden Willen, das eigene Leben selbst in die Hand zu nehmen.

Täterprofil:
Eltern, die ihre eigenen Vorstellungen von guten alten und bewährten Werten an ihre Kinder weitergeben wollen, gehören in den meisten Fällen noch der Aufbaugeneration nach dem Zweiten Weltkrieg an. Ihre eigene Kindheit war geprägt von der Kriegsangst – manche träumen noch heute im Alter von siebzig Jahren von Bombenangriffen und ganzen Städ-

ten, die in Trümmern liegen. Dadurch ist ihr Bedürfnis nach Sicherheit verständlicherweise überdurchschnittlich groß. In der Psychotherapie zeigt sich dies bei Themen wie Hauskauf, Hausbau, finanzielle Absicherung, Erbschaft, Angst vor Jobwechsel und der fehlenden Courage, von der »Hauptstraße« einmal abzuzweigen und etwas anderes zu tun. Als Eltern sehen sie jedoch nicht, dass die nachfolgende Generation dieses Sicherheitsdenken nicht in dem Maße und schon gar nicht traumatisch entwickelt hat und nun offener ist für Experimente im Leben oder für eine gewisse Auszeit im beruflichen Werdegang.

Opferprofil:
Teenager, die sich dem Willen der Eltern beugen müssen, fühlen sich oft fremdbestimmt. Die Frage ist, ob sie dieses Muster danach ihr Leben lang so weiterziehen oder ob sie fähig sind, zu einem späteren Zeitpunkt ihre eigenen Entscheidungen zu treffen. Manche Menschen schaffen es nie. Sie sind Spätopfer dieses Musters, das ihre eigenen Eltern (unbeabsichtigt) verschuldet haben. Diese Entscheidungsschwäche zeigt sich im späteren Leben oft in vielen Kleinigkeiten: beim Kleiderkaufen angefangen bis hin zu großen Entscheidungen wie Umzug oder Heirat. Diese Menschen benötigen immer die Zustimmung anderer, bevor sie sich für etwas entscheiden können.

Der psychologische Mechanismus:
Der Denkmalpflege-Vampir will nichts ändern, weil er sich an Bewährtes klammert und versucht, anderen seine Gedanken aufzudrängen, im Extremfall sogar mit Drohungen wie im Fall des Vaters. Die Opfer werden mit diesen eingängigen Drohungen gelähmt und werden später zu »Absicherern«. In den Ursprungsfamilien durften diese Menschen als Kinder und später als Jugendliche nicht viele Erfahrungen machen, nach dem Motto: »Pass auf, mein Kind, es könnte dir was passieren.« Dies fängt sozusagen im Sandkasten an, geht über das Fahrradfahren bis hin zu Beziehungen (»Pass auf, sonst wirst du noch traurig, wenn sie dich verlässt«). Diese Menschen haben nicht nur ein sehr schwaches Selbstwertgefühl, sondern gehören zu den sogenannten abhängigen oder selbstunsicheren Persönlichkeiten. Immer erst die Absicherung, dass es nicht schiefgeht, dass alle einverstanden sind, dann erst die Handlung. Kreativität, Spontaneität und Innovation bleiben auf der Strecke.

Die gelähmte Nachfolgeregelung
Beispiel:
Der 71-jährige Fritz K. hat in den Fünfzigerjahren ein erfolgreiches Familienunternehmen aus dem Boden gestampft. Es begann mit einem kleinen Kredit, mit dem er heute bei einer Firmengründung nicht weit gekommen wäre. Sein ältester Sohn Roman (45) steigt in die Geschäftsführung ein, um dem Vater zu helfen und um sich auf die Nachfolge vorzu-

bereiten. Nach zwei Jahren der gemeinsamen Arbeit ist der Sohn so weit, die Firma zu übernehmen, aber der Vater denkt nicht an die Übergabe oder gar an den Ruhestand. »Ich habe mich entschlossen, bis zu meinem 90. Lebensjahr hier zu arbeiten«, begrüßt er Roman eines Morgens. »Solange ich noch atme, werde ich hier alles entscheiden«, ist eine andere seiner Aussagen. Die Fehler des Vaters häufen sich, und die ersten Kunden beschweren sich. Trotz aller Hinweise ist der Vater zur Firmenübergabe nicht bereit. Es kommt zu einer großen Auseinandersetzung, der Sohn droht mit dem Ausscheiden aus der Firma. Immer wieder fallen Sprüche wie: »Ich habe dies alles aufgebaut, und du setzt dich ins gemachte Nest.« Bei jeder neuen Idee, die der Sohn einbringt, heißt es »wir haben das auch schon gemacht« oder »wir haben es früher aber ganz anders gemacht und die Kunden waren immer zufrieden«.

Täterprofil:
Typen wie Fritz K. sind narzisstische Persönlichkeiten, an denen die Fortschritte der Gesellschaft unbesehen vorbeirauschen. Sie können nicht loslassen und sind leider oft sehr stur. Sie leben in einer Art Kokon, in dem ihre Opfer mitgefangen sein sollen. Besonders häufig sind diese Erscheinungen in Familienbetrieben. Diese Psychovampire merken nicht, dass sich andere über sie lustig machen oder sie nicht ernst nehmen. Und so zerstören sie unbewusst alles, was sie bisher aufgebaut haben, bis sie als senil abgestempelt oder einfach abgesetzt werden. Der Nachfolger soll zwar kom-

men, aber er soll alles im Sinne des bisherigen Chefs fortführen. Dies findet man in ähnlicher Form auch häufig bei großen Unternehmen, wo beispielsweise der Vorstandsvorsitzende in den Aufsichtsrat wechselt. Der Konflikt ist vorprogrammiert: Ist der Nachfolger besser, ist es eine Kränkung für den bisherigen Chef. Ist er schlechter, dann hat der alte recht, dass es keinen Besseren geben kann als ihn selbst und er doch länger hätte bleiben sollen.

Opferprofil:
Opfer sind meist fortschrittlich denkende, innovative Menschen mit Sinn für kalkulierte Risiken. Sie sind oft gar nicht so traditionsfeindlich, wie sie dargestellt werden. Sie möchten aber den gleichen Freiraum haben wie der Vorgänger zu seiner Zeit. Sie mögen zwar nicht so charismatisch sein wie der Vorgänger, aber sie versuchen durch Leistung, harte Arbeit und Kompetenz zu überzeugen. Sie verlieren im Laufe der Zeit die Lust an dem Projekt, da ihnen immer wieder dazwischengefunkt wird. Es kann auch immer wieder zu Kränkungssituationen kommen, die manchmal ein Leben lang nachwirken.

Der psychologische Mechanismus:
Der risikoscheue Mensch trifft auf den risikofreudigen Menschen. Der risikoscheue Denkmalpflege-Vampir hat zwar in seiner Jugend gewisse Risiken auf sich genommen, er sieht aber nicht, dass es wichtig ist, für ein stetes Wachstum des

Unternehmens die Situationen immer wieder neu zu analysieren, möglicherweise neue Risiken einzugehen und die Produkte oder Dienstleistungen neu an die Kunden anzupassen. Von seiner Persönlichkeit her ist der Denkmalpflege-Vampir eine narzisstische Persönlichkeit, die keinen anderen König neben sich dulden kann. Daher wird jeder Nachfolger als Kränkung und Bedrohung erlebt. Wir sehen dieses Phänomen oft auch bei Staatsoberhäuptern, die eigentlich abdanken müssten, aber dann irgendwelche Gründe finden, warum sie es nicht tun, oder dann wird gar die Verfassung geändert, um ihnen eine weitere Amtsperiode zu ermöglichen. Oft setzen sie auch einen schwachen Nachfolger ein, sodass man ihnen nachtrauert oder sie sich selbst sagen können: »Ich war doch der Bessere.« Der Narzisst hat ein schwaches Selbstwertgefühl, wird aber leider von anderen Menschen als sehr stark erlebt. Er benötigt ein Publikum wie der König seinen Hofstaat. Fällt das Publikum weg – in unserem Beispiel die Aufgabe oder Position –, bleibt von seinem Selbstwertgefühl nicht mehr viel übrig.

Wenn der neue Vorgesetzte einer Horde Denkmalpflege-Vampiren ausgesetzt ist

Denkmalpflege-Vampire müssen nicht, wie in den obigen zwei Beispielen, betagt sein. Es liegt auch in der Natur jüngerer Menschen, sich Veränderungen gegenüber zu verschließen.

Beispiel:

Als Karsten S. seinen neuen Job als Bankfilialleiter annahm, hat ihm die Geschäftsleitung auferlegt, die Organisation in seiner Bankfiliale umzustrukturieren. Nach kurzer Zeit realisiert Karsten, dass die Mitarbeitenden nicht mitziehen, sich gegen neue Strukturen sperren – auch wenn diese sinnvoll sind und zum Wohle des ganzen Teams beitragen. Er muss sich immer wieder Aussagen anhören wie »das haben wir sonst immer anders gemacht, warum sollen wir es ändern«.

Täterprofil:

Diese Phlegmatiker lassen sich ungern aus ihrer »Komfortzone« herausholen. Sie gehören zum klassischen Büroangestellten, der seit zwanzig Jahren um genau 8.00 Uhr in der Früh in sein Büro kommt, seine Tasche auspackt und um genau 16.30 Uhr das Büro wieder verlässt. Mental sind diese Personen unbefristet angestellt und unkündbar – vertraglich leider oft auch. Und wenn ich unkündbar bin, weshalb soll ich mich dann ändern und weiterentwickeln.

Kurze Anmerkung: Diese Haltung beobachten wir leider auch immer wieder bei Partnerschaften. Vorurteilsfrei möchten wir diese als »Beamten-Ehen« bezeichnen: Habe ich einmal Ja gesagt und den Heiratsvertrag unterschrieben, dann muss der andere mich nehmen, wie ich bin.

Geschichten häufiger Psychovampirtypen

Opferprofil:

Schwache Führungspersonen, die es allen recht machen wollen, sind bei ganzen Gruppen von Denkmalpflege-Vampiren verloren. Als Chef kommen sie mit ihren Vorhaben nicht weit, werden im Extremfall sogar von den Mitarbeitenden gemobbt und verlieren oft ihren neuen Job. Manche gehen freiwillig, weil sie die Trägheit und die abweisenden Urgesteine nicht mehr ertragen können, andere werden von den Geschäftsleitungen als führungsuntauglich eingestuft und wieder vor die Tür gesetzt.

> **Gegengift für Denkmalpflege-Vampire:**
> Führen Sie sich vor Augen, dass bei allem, was Sie tun oder nicht tun, der andere sich gekränkt fühlt. Oft liegt es einfach daran, dass Sie existieren. Ihre Anwesenheit, ja Ihre bloße Existenz, z. B. als jüngerer Nachfolger, oder Ihr Erfolg reichen aus, damit der andere sich gekränkt fühlt. Versuchen Sie die Berührungspunkte zu reduzieren, denn Konflikte sind leider vorprogrammiert. Machen Sie sich bewusst, dass Sie an der Kränkung Ihres Gegenübers nichts ändern können. Er ist der Einzige auf der Welt, der sich aus Kränkungssituationen herausholen kann – zumindest theoretisch. Denn praktisch wird er sich nur schwer aus dieser Situation lösen können. In schwierigen Fällen kann es jedoch sinnvoll sein, dass Sie sich ein neues Betätigungsfeld suchen, da der Psychovampir Ihnen sonst Ihr Leben zur Hölle machen wird. Geben Sie

sich, dem Vampir und der Situation einen festen Zeitraum von etwa zwei Jahren. Falls die Situation bis dahin nicht zu klären ist, gehen Sie – aber nicht gekränkt, sondern selbstbewusst und erhobenen Hauptes.

DER KÜHLSCHRANK-VAMPIR

Wenn aus dem Zimmer des Chefs ein eisiger Wind weht
Erik K. war jahrelang erfolgreicher CEO eines internationalen Unternehmens. Seine direkten Mitarbeitenden wussten einerseits seinen klaren Verstand zu schätzen, andererseits wussten sie auch, wie unnahbar und grundlos abweisend er sein konnte. Als der Hausjurist Rainer W. eines Tages in sein Büro trat, hätte er am liebsten sogleich wieder den Raum verlassen, denn Erik K. schaute ihn an, als hätten sie sich nie zuvor gesehen. Rainer W. ersuchte um ein Meeting zu einem sichtlich ungelegenen Zeitpunkt, doch er brauchte eine Entscheidung vom CEO, um einen Termin zum Wohle der ganzen Firma einhalten zu können. Rainer W. wunderte sich. Bei Terminen mit Kunden außerhalb hatte er immer wieder beobachten könnten, mit welchem beinahe devoten Charme sein Chef sich den Firmenkunden gegenüber benahm. Für ihn war klar: Erik K. berechnet und dosiert den Aufwand seiner Freundlichkeit sorgfältig.

Die Klassiker im Wohnzimmer
Dialoge in Privathäusern:

Romy (32) und Sascha (33) sitzen abends zusammen. Sascha erzählt von den Problemen am Arbeitsplatz. Er ist völlig überfordert, es gibt viel Ärger, und die Kündigung droht. Romy hört sich dies schweigend an und unterbricht ihn dann mit den Worten: »Was sollen wir morgen zum Essen kochen?« Sascha regt sich auf und beklagt sich, dass sie ihm nie zuhöre. Sie wiederum: »Ich verstehe gar nicht, was du hast. Ich höre doch zu, aber trotzdem muss ich an das Einkaufen morgen denken.«

Susanne (32) und Volker (36) leben seit sieben Jahren zusammen. Susanne denkt in der letzten Zeit viel über ihr Leben und ihre Partnerschaft nach. Am Abend haben beide eine längere Diskussion über ihre Beziehung. Volker, der sonst kaum über Gefühle spricht, fängt beim Abendessen an, dass es so nicht mehr weitergehen könne. Er fühle, dass sie sich immer mehr von ihm distanziere, sie hätten keine Gemeinsamkeiten mehr. Susanne ist überrascht, freut sich aber im Grunde, dass es endlich zu einer Diskussion über ihre Beziehung kommt. Nach einer Stunde Gespräch ist vieles gesagt worden, zum ersten Mal nach vielen Jahren. Beide essen noch was, und Susanne fragt sich, wie es wohl heute Abend weitergehen würde. Volker schaltet den Fernseher ein, schaut noch eine halbe Stunde irgendeine Sendung und geht dann wortlos ins Bett. Susanne ist völlig aufgelöst und zieht sich heulend ins Bad zurück. Am nächsten Morgen geht Volker zur Tagesordnung über. Kein Wort mehr über gestern, über die Beziehung – Susanne fühlt sich noch unverstandener als vorher.

Täterprofil:
Es sind emotional kühle Typen, die beziehungsunfähig sind und sich daher nicht für die Emotionen anderer Menschen interessieren. Diese Menschen ignorieren andere, obwohl diese präsent sind. Nach außen sind diese Gefrierschränke oft sehr anerkannt und geschätzt, sie leiden aber unter mangelnder Beziehungsfähigkeit und sind mehr sach- als personenorientiert. Eigentlich interessiert sie nur das eigene Wohl. Zudem haben sie auch keinen Zugang zu ihrer eigenen Gefühlswelt und sind übermäßig rational.

Von der Persönlichkeitsstruktur her kann man diese Menschen als schizoide (nicht schizophrene!) Personen bezeichnen, d.h., es sind Menschen, die wenig Einfühlungsvermögen haben, sich gar nicht vorstellen können, was der andere meint, auch wenn dieser weint oder sie emotional anspricht. Sie sehen Sachverhalte, aber nicht die Gefühle dahinter. Deshalb können sie sich nicht in die Gefühlswelt eines anderen hineinversetzen und auch kaum Kontakt zur eigenen Gefühlswelt entwickeln. Man kann sie auf Knien anflehen, aber es regt sich nichts. Diese Vampire haben keine schlechten Absichten, aber die Opfer leiden immens.

Opferprofil:

Opfer sind emotionale, beziehungsorientierte Menschen, die sensibel und feinfühlig sind. Sie glauben an das Gute, appellieren an den anderen und verstehen ihrerseits nicht, warum dieser sie nicht versteht. Sie erleben den Vampir als »emotionale Dampfwalze« oder »emotionales Trampeltier«.

Der psychologische Mechanismus:

Überrational trifft auf emotional: Sobald der Kühlschrank aufgeht, fühlen sich die Mitmenschen ignoriert und unterlegen. Kühlschrank-Vampire halten ihre Umwelt im Bann, da sie sich undurchschaubar geben, damit rätselhaft wirken und sich somit ihre Machtposition sichern. Diese Menschen können eigentlich nichts dafür, dass sie so sind, aber dies hilft in der Situation nicht immer weiter. Sie haben oft keinen Zugang zu ihrer Gefühlswelt und haben häufig eine raue Schale. Manchmal liegt es auch einfach daran, dass diese Menschen eine andere emotionale Bedürftigkeit haben. Es gibt Menschen, die wenig Zuwendung benötigen. Dass der emotionalere Mensch dabei mehr leidet, ist eine Tatsache.

Die hier beschriebene Problematik ist häufig in Beziehungen zu finden – sowohl in Arbeitsbeziehungen als auch im privaten Bereich.

Gegengift für Kühlschrank-Vampire:
Öffnen Sie sich rationalen Menschen gegenüber nicht zu stark. Geben Sie die Hoffnung auf, diese Menschen zu ändern, es sei denn, sie wollen sich selbst ändern. Begegnen Sie rationalen Menschen auf der rationalen Ebene, d. h. sachlich, kurz und klar. Vermeiden Sie – soweit möglich –, vieles von sich selbst zu offenbaren, und reduzieren Sie den Kontakt auf das Nötige, sonst werden Sie zu sehr leiden. Schützen und nähren Sie Ihren emotionalen Haushalt, z. B. durch Freundschaften zu beziehungsorientierten Menschen! Langfristig wird es schwer sein, solche Beziehungen aufrechtzuerhalten – ohne dass man sich selbst zu stark in eine Richtung verändert, die man nicht möchte. In solchen Ehen/Partnerschaften kann es sehr hilfreich sein, wenn Sie versuchen, Ihre emotionalen Bedürfnisse (bitte nicht die sexuellen, denn dann wird es problematisch) zum großen Teil durch Freunde abzudecken. Das entlastet die Partnerschaft und führt in vielen Fällen dazu, dass diese überleben kann (z. B. wenn kleine Kinder vorhanden sind und eine Trennung kaum möglich ist).

DER IGNORANTE VAMPIR

Es gibt Menschen, die mit anderen sprechen, es aber irgendwie doch nicht tun. Denn sie hören gar nicht zu, weil sie im Grunde nicht an ihnen interessiert sind – es aber nach außen hin den Anschein hat. Sie kennen diese Situation: Der Psychovampir fragt, wie es Ihnen gehe. Sie sind endlich mal ehrlich und sagen z.B.: »Es geht. Nicht so gut. War schon mal besser.« Antwort des Psychovampirs: »Ach so, und was machst du morgen? Wie gehts bei der Arbeit?« Sie sind ins offene Messer gelaufen und ärgern sich über Ihre Offenheit und Ehrlichkeit.

Viel Gerede um nichts I

Udo trifft sich nach langer Zeit mal wieder mit seiner alten Bekannten Sabine auf einen Drink in seiner Stammkneipe. Sabine befindet sich gerade in einer schwierigen Phase. Sie hat Ärger im Job und hat kürzlich eine fünfjährige Beziehung beendet. Für die Trennung brauchte sie ungefähr vier Anläufe, bis sie sich endlich lösen konnte. Einerseits erleichtert und stolz auf ihren eingeleiteten Aufbruch in ein neues Leben, andererseits gesundheitlich von einem Grippevirus geschwächt und auf niedrigem Energie-Niveau laufend, sitzt sie vor Udo und schlürft ihren Gin Tonic, der ihr eigentlich gar nicht schmeckt.

Die Situation:

Udo: »Na, wie geht es dir denn so?«

Sabine: »Na ja, ich bin ja sonst nicht viel am Meckern, aber es ging mir wirklich schon mal besser. Ich bin immer noch von dieser Grippe angeschlagen und habe mich jetzt endgültig von Klaus getrennt. Das war nicht einfach und sitzt noch tief.«

Udo: »Hm.« Er sieht plötzlich zwei andere Frauen in die Kneipe kommen und begrüßt sie überschwenglich mit: »Hey, wie geht es euch? Lange nicht gesehen.«

Er bittet die beiden an den Tisch, ohne zu fragen, ob es Sabine recht ist, und stellt die Runde gegenseitig vor. Für die nächsten zehn Minuten unterhält er sich mit einer der beiden Frauen. Sabine ist zwar nicht nach Smalltalk zumute, aber sie kommt mit ihrer Tischnachbarin recht schnell ins Gespräch.

Dann wendet sich Udo wieder Sabine zu und fragt sie: »Gehts dir gut?«

Sabine schaut in seine teilnahmslosen Augen, in denen sich schon wieder ganz andere Gedanken spiegeln, und nickt ihm nur diskret zu. Für sie ist der Abend gelaufen. Nach nur zwanzig Minuten in der Kneipe fühlt sie sich ausgesaugt und verabschiedet sich frustriert und wütend zugleich von der Runde. Von Udo hat sie seitdem nichts gehört.

Viel Gerede um nichts II

Herr V. geht mit seiner Frau auf eine Party, wo beide 80 Prozent der Gäste nicht kennen. Ein ehemaliger Kollege kommt auf die beiden zu und fragt sie: »Wie geht es Ihnen?« Da das Ehepaar V. nicht so häufig zu solchen Anlässen eingeladen ist, agieren sie ein wenig ungeübt. Und da es Frau V. heute wirklich nicht so blendend geht, nimmt sie die Frage auf und antwortet: »Ganz okay.« Ihr Gegenüber geht überhaupt nicht darauf ein und sagt: »Das freut mich, dass es gut geht. Komm, wir gehen rüber zu den anderen.«

Täterprofil:

Diese Menschen übertreiben das Multitasking und Networking in solche Extreme, dass sie in Gruppen kaum fähig sind, sich auf ein Thema zu konzentrieren. Sie sind vergleichbar mit einem Schmetterling, der alle paar Sekunden der nächsten Blüte seine kurze Aufmerksamkeit schenkt. Auf größeren Anlässen neigen viele Menschen leicht zu dieser Art Vampirismus. Wie alle Psychovampire ist auch dieser Vampir an Ihrer Person nicht wirklich interessiert, vor allem nicht an Ihren Gefühlen und Problemen. Die Ursachen sind vielfältig: Der Psychovampir interessiert sich nur für sein Leben und seine Anliegen; oder er will gar nichts von tiefer gehenden Problemen hören, denn dann müsste er sich ja damit beschäftigen, und – was für ihn noch schlimmer wäre – er müsste über sich selbst nachdenken oder reflektieren. Seine Beziehungsfähigkeit ist wenig ausgeprägt – um es freundlich auszudrücken.

Opferprofil:
Opfer sind beziehungsorientierte, feinfühlige Menschen, die sich gerne anderen gegenüber öffnen und den intensiveren Gedankenaustausch schätzen, aber auch Menschen, die ein Beziehungsangebot machen und vom Gegenüber positive Rückmeldungen erwarten wie Ermutigung, Verständnis und Mitgefühl. Denn ihrerseits würden sie dies ja auch tun.

Der psychologische Mechanismus:
Der eher oberflächliche Mensch trifft auf den Typ mit Tiefgang, oder der rationale auf den emotionalen Menschen. Der Psychovampir ist meistens mit sich selbst beschäftigt und will sich auf keine tiefere Beziehung einlassen, denn womöglich müsste er dann Zeit und Energie investieren. Kontakte werden nur eingegangen, wenn sie etwas »bringen«, z.B. ein neuer beruflicher Kontakt mit einem potenziellen Kunden. Diese Menschen werden oft verkannt – weil sie beispielsweise beruflich erfolgreich sind – und von anderen überschätzt. Beruflich dekompensieren sie häufig, wenn sie z.B. nach einem zunächst erfolgreichen Einstieg Personalverantwortung übernehmen. Plötzlich reicht es nicht mehr aus, ergebnisorientiert zu sein, sondern nun müssen sie auf die Bedürfnisse, Probleme und Stimmungsschwankungen der Mitarbeitenden eingehen.

Privat zeigt sich diese emotionale Überforderung häufig dann, wenn z.B. die Kinder größer werden, die materielle Versorgung in den Hintergrund rückt und man sich vermehrt auf eine emotionale Beziehung mit ihnen einlassen muss. Plötzlich geht es nicht mehr um Füttern etc., sondern um das Erleben der Kinder, ihre Gefühle und Sorgen – und sich darauf einzulassen ist nicht ganz unanstrengend.

> **Gegengift für ignorante Vampire:**
> Öffnen Sie sich erst dann, wenn eine Situation emotional sicher ist. Offenbaren Sie nicht gleich alles bei der Begrüßung, sondern tasten Sie sich zuerst etwas vor. Suchen Sie den Fehler nicht gleich bei sich. Es gibt einfach Menschen, die rationaler sind als andere.

DER HIMALAJA-VAMPIR

Wenn dem Vater gut nie gut genug ist

Rebecca ist Anfang dreißig, von Beruf sehr erfolgreiche Investmentbankerin, verheiratet und seit kurzem Mutter eines Sohnes, für den sie ihr berufliches Engagement aufgegeben hat. Sie ist mit ihrer neuen Rolle als »Nur-Mutter« höchst unzufrieden. Denn sie entwickelte bisher ihr Selbstwertgefühl aus der erbrachten Leistung in der Außenwelt. In der Psychotherapie versteht sie, dass der Grund für dieses Denken in ihrer Kindheit und besonders in ihrem Verhältnis zu ihrem Vater verborgen liegt. Sie selbst sagt dazu: »Die Aufmerksamkeit meines Vaters bekam ich eigentlich nur durch gute Schulnoten und durch Bravsein. Ob ich Freunde hatte, interessierte niemanden in meiner Familie. Kam ich mit einer guten Schulnote nach Hause, fragte mein Vater immer erst mal nach, auf welchem Niveau denn der Klassendurchschnitt lag. Erst wenn ich weit darüber lag, lobte er mich manchmal für meine gute Leistung. Für mein inneres Wohlbefinden und für mich als seine Tochter interessierte er sich gar nicht. Als ich zwanzig wurde, fragte er mich mal, ob ich nicht endlich das Abitur machen wolle – ich hatte es aber drei Jahre zuvor bereits erfolgreich abgelegt. Einer seiner Lebenssprüche war: ›Nur die Harten kommen in den Himmel.‹ Er sagte immer: Wenn du erst mal 100 000 D-Mark auf deinem Konto hast, dann sprechen wir miteinander. Da habe ich alles darangesetzt und habe die Summe mit dreißig Jahren erreicht. Geändert hat sich aber gar nichts. Ich habe noch heute das Gefühl, ich muss mir die Liebe anderer verdienen. Ich durfte zu Hause nie faul sein, immer musste ich etwas ›Sinnvolles‹ tun.«

Wenn der Chef seine Mannschaft zum Gipfel treibt

Mirko P. ist Chef einer PR-Agentur, lobt seine Mitarbeitenden so gut wie nie und fordert Unmögliches von ihnen. Seinen großen Ehrgeiz, die größte PR-Agentur in Berlin zu werden, will er auf sein Team übertragen. Er merkt aber nicht, dass andere Menschen seinen Gipfelstürmen nicht folgen können und auch nicht folgen wollen. Mirko hatte eine ähnliche Kindheit wie Rebecca. Seinem Vater waren seine Leistungen auch nie gut genug. Die Fluktuationsrate in Mirkos Team von vierzig Leuten liegt bei 25 Prozent, was überdurchschnittlich hoch ist. Die Mitarbeitenden kommen und gehen schnell wieder, da sie merken, dass sie es ihm nie recht machen können. Er selbst geht nur in Kurzurlaube, und auch dort lässt er sich nicht richtig hängen – er liest täglich seine E-Mails, macht Anrufe auf seinem Handy, während er rastlos am Strand herumläuft und mit Meeresrauschen im Hintergrund neue Aufgaben verteilt. Eigentlich ist er nie zufrieden mit einem Resultat, obwohl die Teammitglieder sich mächtig ins Zeug legen. Die Besten – und das sind Menschen, die sich nicht in die Opferrolle drängen lassen – laufen ihm schnell davon.

Täterprofil:
Gesetzte Ziele zu erreichen, das ist diesem Hochgebirgs-Vampir nicht genug. Er interessiert sich nur für die Leistung, für die Performance des Menschen. Das wäre ganz okay, wenn er nicht auch die anderen spüren lassen würde, dass ausschließlich Leistung und Erfolg im Leben und zum Glücklichsein entscheidend sind. »Ohne Fleiß kein Preis« ist einer seiner Leitsprüche. Seine Erwartungshaltung kann niemals und durch niemanden befriedigt werden. Er gönnt sich nie eine Pause, immer »wurschtelt« er herum mit der Entschuldigung »es gibt immer was zu tun«. Solchen Menschen kann man es nie recht machen. Wie Rebeccas Vater verlangt sich Mirko beinahe Unmögliches ab. Er ist einem

konstanten Aktivitätswahn erlegen und erwartet den gleichen Tatendrang von anderen. Solche Menschen kommen innerlich nie zur Ruhe. Sie eilen von Gipfel zu Gipfel und kommen doch nie ans Ziel (daher der Name »Himalaja«, da es sozusagen immer einen höheren Gipfel gibt). Sie können sich an einem Erfolg nicht lange erfreuen, denn sofort kommt das nächste Ziel. Diese Menschen sind oft sehr anerkannt, da sie sehr leistungsorientiert sind. Mit ihnen zusammenzuleben oder eine (Arbeits-)Beziehung einzugehen, ist sehr schwierig und läuft nur so lange reibungslos, wie man selbst gut funktioniert. »Ich habe bisher etwa zehn Freundinnen gehabt. Am Anfang verstehen wir uns immer sehr gut. Aber nach etwa drei bis vier Monaten kommen die alle mit ihren Problemen, dann breche ich die Beziehung ab«, erzählt ein 23-jähriger Student mit Angststörungen, der sehr leistungsorientiert ist.

Opferprofil:
Die Opfer dieses Vampirs sind Menschen, die von äußeren Einflüssen und der Anerkennung anderer stark abhängig sind. Sie wollen anderen immer alles recht machen, geben alles, bekommen aber nicht viel zurück. Lob, Anerkennung oder eine regelmäßige Gehaltserhöhung erhalten sie selten, obwohl sie tadellose Arbeit leisten. Sie lassen sich unbewusst vom Himalaja-Vampir fremdbestimmen und fühlen sich dann völlig ausgelaugt. Aber sie suchen den Fehler aufgrund ihres mangelnden Selbstwertgefühls bei sich – und

nicht beim anderen. Dies macht sie zu angenehmen Mitmenschen, aber auf Kosten der eigenen Energie und Selbstachtung.

Der psychologische Mechanismus:
Sowohl die Opfer als auch die Täter kommen meistens aus dem gleichen emotionalen Erziehungshintergrund. Sie haben die elterliche Liebe als bedingt erlebt, d. h., sie war nicht bedingungslos, sondern oft an Leistungen (gute Schulnoten) und/oder an gutes Benehmen gekoppelt. Im Kapitel 5 wird dieser Mechanismus eingehend beschrieben. Täter haben lebenslang einen sehr großen Einfluss auf ihre Opfer. Täter und Opfer haben eine ambivalente Beziehung zueinander, da sie sich wegen ihrer Leistungen oft gegenseitig sehr anerkennen. Sie kommen aber auf der Beziehungsebene miteinander nicht klar. Erst wenn ich erkenne, dass ich wert bin, geliebt zu werden, und nicht ständig beweisen muss, dass es gut ist, dass ich da bin, sondern dass ich einen Wert habe, der nicht von meiner Leistung oder Performance abhängig ist – erst dann kann ich mich dem Einfluss des Himalaja-Vampirs entziehen.

> **Gegengift für Himalaja-Vampire:**
> Den Vampir werden Sie nicht verändern. Arbeiten Sie an Ihrem Selbstwertgefühl, falls nötig auch mit therapeutischer Hilfe. Entscheiden Sie sich bewusst dafür, dass Sie anderen nicht mehr so viel Macht über sich geben. Finden Sie einige Menschen, auf deren Rückmeldung und ehrliche Einschätzung Sie sich nicht nur verlassen können, sondern die Ihnen auch wichtig sind. Besprechen Sie wichtige Vorhaben/Entscheidungen mit diesen Personen und fragen Sie nicht mehr andere um ihre Einschätzung.

In diesem Zusammenhang möchten wir eine Technik vorstellen, welche gerade beim Stressmanagement im Alltag sehr effektiv angewandt werden kann.

Exkurs: Das Himalaja-Phänomen

Wenn man einen Berg erstiegen hat, dann sieht man zweierlei: Schaut man zurück, dann sieht man das bisher Erreichte, schaut man nach vorne, sieht man den nächsthöheren Berg. Viele Menschen steigen mühsam wieder ab – manchmal ganz runter bis ins Tal – und ersteigen mit erneuter Anstrengung den nächsthöheren Berg. Oben angelangt, sehen sie einen noch höheren Berg, und der Vorgang wiederholt sich im Sinne eines Teufelskreises oder – psychodynamisch ausgedrückt – im Sinne eines neurotischen Wiederholungszwanges. Der Mensch kommt nicht zur Ruhe.

Auf den Beruf übertragen bedeutet dies, dass immer eine höhere Position möglich ist; man hat nie den höchstmöglichen Posten erreicht. Es gibt immer eine noch größere Firma, ein spannenderes Projekt oder ein noch größeres Vorhaben – »nur noch diese Sache, dann habe ich wieder Zeit für dich und die Kinder«. In Bezug auf finanzielle Absicherung heißt das: Man kann immer noch etwas besser abgesichert sein, wenn man etwas mehr Geld hat. Und auf Beziehungen übertragen heißt dies: Es gibt immer einen Partner (oder eine Partnerin), der (die) besser aussieht, erfolgreicher ist etc.

Mögliche Interpretationen:
Aufgrund eines Selbstwertgefühls und eines Selbstvertrauens, die direkt vom Erbringen einer Leistung oder deren Anerkennung durch andere abhängig sind, springe ich von Gipfel zu Gipfel, ohne es vielleicht zu wollen. Unbewusst versuche ich durch diese Strategie mehr an Selbstwert und Liebe zu erreichen. Deshalb kann ich nicht Nein sagen, ich kann anderen keine Bitte abschlagen, nehme jede neue Aufgabe an – denn Selbstvertrauen und Zuwendung kann man nie genug bekommen.

Gleichzeitig kann ich aber nur dann auf einem Gipfel »ein Haus bauen«, wenn ich mich bewusst dazu entschließe – zumindest für eine gewisse Zeit –, dort zu bleiben. Ich kann nur dann eine tiefe Beziehung zu einem Partner aufbauen, wenn ich mich bewusst für diesen entscheide – obwohl es noch eine Vielzahl »besserer« Partner geben kann – und ich mich auf diese Beziehung einlasse. Solange ich von einem Partner zum anderen wechsle – nach dem Motto: »Mit dem nächsten Partner wird alles besser« –, kann ich keine tiefere (und erfüllende) Beziehung eingehen.

Es ist also entscheidend, dass ich mich, obwohl ich weitergehen und den nächsten Gipfel ersteigen will, bewusst dafür entscheide, nicht weiterzugehen – auch gegen den Widerstand von Umwelt und Familie (»Du kannst doch nicht die Beförderung ablehnen!«).

DER HÖFLICHE VAMPIR

Felix begann seinen neuen Job bei einer PR-Firma im Januar. Die ersten Monate gestalteten sich aus seiner Sicht fabelhaft. Das Team war offen für seine Ideen, also konnte er diese auch selbständig realisieren. Sein Chef C. Meyer gab ihm positive Feedbacks. Sein Bauchgefühl signalisierte: Hier bleibe ich länger als in den anderen Jobs vorher. Es sollte aber auch dieses Mal nicht so kommen.

Felix' Lebenslauf gestaltete sich seit einigen Jahren recht wechselhaft. Er veränderte sich beruflich alle zwei Jahre, in manchen Fällen sogar schon nach sechs Monaten. Seine Wechsel waren nicht freiwillig, seine Chefs kündigten ihm. Der offizielle Grund: mangelhaftes Zeitmanagement. Die versteckten Gründe: häufige Überlastung und dadurch zahlreiche Abwesenheiten wegen Krankheit. Felix schaffte es aus diesem Bündel an Kettenreaktionen so gut wie nie, fristgerecht seine Arbeit abzuliefern, ein für seine bisherigen Vorgesetzten unakzeptables Manko.

Felix konnte auch an seiner neuen Stelle den Anforderungen seines Chefs nicht gerecht werden. Immer wieder ereilten ihn neue Probleme privater Natur, die allein nur er zu lösen vermochte, jedenfalls aus seiner Sicht. So blieb er dem Büro immer wieder einige Nachmittage fern, weil beispielsweise das Heißwasser in seinem Haushalt nicht lief. Felix lebt nicht allein. Er ist glücklich verheiratet und hat einen Sohn. Das Geld war auch nicht knapp. Und doch: Er schien das Unglück anzuziehen. Oder schien es nur so? War er vielleicht nur etwas umständlich beim Lösen von Problemen? Jedem – auch jedem Vampir – geht einmal das Heißwasser aus. Für eine Sorte Psychovampir jedoch scheint die Lösung von Problemen immer sehr viel komplizierter und aufwendiger zu sein als für andere Psychovampire. Die Rede ist vom höflichen Psychovampir, einer Sorte von Menschen, die primär niemals als Vampir durchgehen würden, da sie ja so freundlich und zuvorkommend sind, zu zuvorkommend. Sie wollen es allen und jedem recht machen und verzetteln sich vor lauter Drang nach außerordentlicher Höflichkeit, und dabei werden sie zu aufwendigen Zeitfressern. Der Höflichkeits-Vampir ist aufopfernd nett und bemüht. In der Formulierung in Arbeitszeugnissen würde sich diese Eigenschaft ausdrücken in den Worten: »War stets zur Stelle, wenn man ihn brauchte, und war immer bemüht.« Von einer schnellen und effizienten Problemlösung kein Satz.

Definitiv haben diese Vampire ein Defizit zu verbergen, was sie leider nur zu oft auch äußerst erfolgreich tun. Was das tatsächliche Defizit ist, stellt sich je nach Mitarbeitendem im direkten Umfeld unterschiedlich schnell heraus. Im Fall von Felix' Chef Meyer verstrich nicht allzu viel Zeit, da dieser als schneller, fokussierter Himalaja-Vampir beinahe ein Gegenstück zu Felix darstellte – fatalerweise. Wäre bei Meyer das Heißwasser versiegt, hätte er nicht einen einzigen Nachmittag dafür geopfert – er hätte die Problemlösung delegiert, mit dem für ihn nebensächlichen Risiko, als unhöflicher und arroganter Mensch zu gelten, der andere für sich machen lässt.

Wie am Ende der Sicherungshaken eines Himalaja-Vampirs reißen kann, zeigt die Fortsetzung des Arbeitsverhältnisses Felix/Meyer: Häufig ging es bei den Entschuldigungen von der Arbeit auch um Felix' Sohn, den Felix in den Augen Meyers verhätschelte. So erzählte er mehrmals in langen Ausschweifungen: »Ich musste gestern mit meinem sechsjährigen Sohn zum Kinderpsychologen, da er Opfer eines sexuell orientierten Übergriffs von einem zwei Jahre älteren Mädchen war. Sie zerrte ihn in eine kleine Kammer ohne Licht und befummelte den Kleinen. Der Kinderpsychologe befand, dass die Übergriffe des Mädchens gestoppt werden müssten und andere jüngere Schüler in der Schule vor ihren Attacken bewahrt werden sollten. Es könnte sonst die Jungs der gesamten Altersstufe befallen ...«, führte Felix aus. (Im Interesse der Leserschaft dieses Buches verzichten wir auf die Erzählung der lückenlosen Geschichte.) Hätte Meyer ihn nicht gestoppt mit: »Das ist doch in dem Alter ganz normal und verträglich, dass man sich gegenseitig entdeckt«, hätte er den ganzen Nachmittag weitergeredet. Woher er denn davon wisse, fragte Meyer nur kurz nach. Sein Sohn hätte der Familie alles im Detail erzählt. Meyer stufte die Geschichte nicht zwingend als eine dramatische Leidensgeschichte ein, zumal das Kind offenbar nicht den Drang verspürte, etwas vermeidlich Unangenehmes zu verheimlichen. In Meyers Logik sprechen Kinder nicht freiwillig und ausführlich über unangenehme Geschehnisse.

Dramatischer für ihn und für das Team entfaltete sich die Tatsache, dass Felix es für absolut notwendig hielt, seinen Sohn nun drei Tage lang von der Schule fernzuhalten und ihn persönlich zu Hause zu betreuen. Kurz: Er blieb dem Büro und dem Haufen Arbeit an seinem Projekt, das eh schon im Rückstand lag, fern. Das eigentlich Schlimme für Meyer und die gesamte Situation: Er sah keine Veranlassung für Felix' Fernbleiben, respektierte deshalb sein Verhalten nicht und verlor wieder ein Stück seiner Geduld mit ihm – von seinem Respekt Felix gegenüber ganz zu schweigen. Folglich träumte er eines Nachts von ihm. Er stand vor Felix und schrie ihn so laut an, wie er überhaupt schreien konnte (so kam es ihm vor, als er aufwachte), mit Worten, die ihn zur Raison bringen sollten. Er als Himalaja-Vampir hatte so viel Wut in sich aufgestaut, dass er zumindest im Schlaf unterbewusst platzen wollte – er hätte genauso gut den Himalaja in einer Nacht bezwingen können.

Täter- und Opferprofil:
In dieser speziellen Kombination machen sich beide Vampirtypen zu Tätern und Opfern zugleich. Dem Himalaja-Psychovampir kann nichts schnell genug gehen (siehe Vorkapitel). Der Gipfelstürmer setzt auf unendlichen Fleiß, der seinen Preis hat. In diesem Fall ist der Preis das Unverständnis und letztlich die Intoleranz für die privaten Angelegenheiten des höflichen Mitarbeitenden, der versucht, alles für alle korrekt zu machen, und der damit gerade beim Himalaja-Vampir fulminant scheitert.

Umgekehrt lässt der Höflichkeits-Vampir in diesem Fall den Himalaja-Vampir ganze Berge versetzen, indem er ihn fast in den Wahnsinn treibt mit seinen für diesen besonders zeitraubenden Eskapaden, die vielleicht private Probleme lösen – wenn auch verhältnismäßig langsam –, die aber dasjenige des Himalaja-Vampirs verstärken, nämlich dessen Defizit der Toleranz für langsamere Handlungsweisen.

Der psychologische Mechanismus:
Der Höflichkeits-Vampir hat oft eine Persönlichkeitsstruktur, die man als angepasst, selbstunsicher und vermeidend beschreiben könnte. Er hat früh lernen müssen, sich anzupassen, eigene Bedürfnisse hintanzustellen, es allen recht zu

machen, andere glücklich zu machen und sich selbst nicht in den Vordergrund zu stellen. Dies passiert z. B. in Familien, in denen die Liebe und Zuwendung der Eltern als bedingt erlebt wurde. Aber auch in Familien, in denen man keine Fehler machen durfte, weil es dann entweder Bestrafung oder Liebesentzug gab. Diese Menschen mussten lernen zu funktionieren, nicht aufzufallen, und sie durften nie ihre eigenen Bedürfnisse äußern. Sie mussten immer nachgeben, und ihre Meinung zählte nie. Dadurch kommt es im Laufe der Jahre zu einer Unsicherheit, zu einem niedrigen Selbstwertgefühl, einer Entscheidungsschwäche und dem Gefühl, sich immer absichern zu müssen. Diese Menschen sind einerseits sehr freundlich, und man ist gerne in ihrer Gegenwart. Andererseits sind sie rasch überfordert. Ihre ständige Angepasstheit löst auf Dauer Aggressionen beim Gegenüber aus.

Gegengift für den Höflichkeits-Vampir:
Kritisieren Sie den Höflichkeits-Vampir nicht, weil dies wie ein Teufelskreis wirkt und er versuchen würde, durch noch mehr Anpassung alles gut zu machen, damit Sie ihn wieder mögen. Fragen Sie ihn auch nicht zu häufig, was er in einer bestimmten Situation machen würde. Er würde überfordert sein, und das macht ihn unsicher und löst Ängste aus. Entscheiden Sie für ihn; geben Sie Dinge vor, aber formulieren Sie diese so, dass der andere seine Meinung dazu äußern kann.

> Wenn Sie dem Höflichkeits-Vampir nachhaltig helfen möchten, dann müssen Sie eine emotional sichere Atmosphäre schaffen, damit sich der Vampir in Ihrer Gegenwart so sicher fühlt, dass er seine (Selbst-)Zweifel äußern und Bedürfnisse anmelden kann. Dies ist ein längerer Prozess – einer Therapie nicht ganz unähnlich –, aber sehr wirkungsvoll. Aber am Arbeitsplatz wird sich wohl kaum einer diese Mühe machen.

DER EXPERTEN-VAMPIR

Dieser Experte ist kein Experte, hält sich aber in vielen Fragen des Lebens für einen solchen. Es folgen drei Familiengeschichten, die alle auf wahren Begebenheiten beruhen.

Der ignorante Experte

Bernhard arbeitet an großen Projekten in einem internationalen Unternehmen. Über die Jahre hat er sich in dieser Position zu einem Kosmopoliten entwickelt. Seit kurzem ist aber die Finanzierung seines aktuellen Projektes gefährdet. Auf der großen Familienfeier zum Anlass der goldenen Hochzeit seiner Eltern ist auch sein Schwager Manfred anwesend, der einen ruhigen Job im öffentlichen Dienst hat. Manfred fragt ihn nach seinem Wohlbefinden, und Bernhard erzählt ihm kurz von der Dimension des Projekts. In seinem Eifer merkt er zunächst gar nicht, dass Schwager Manfred ihm gar nicht zuhört, keinerlei Nachfragen stellt, den Blick immer wieder abwendet, andere Familienmitglieder anschaut und eigentlich gelangweilt ist. Sein einziger Kommentar: »Ja, wir haben alle Stress. Auch bei uns auf dem Amt gibt es jetzt viel Stress. Unser Regierungsbezirk soll mit einem anderen zusammengelegt werden, und keiner weiß, was dann werden wird. Auch müssen wir jetzt vierzig Stunden statt den bisherigen 38,5 Stunden arbeiten, und das 14. Monatsgehalt gibt es auch nicht mehr.« Dass Bernhard siebzig Stunden pro Woche arbeitet, dass sein Arbeitsplatz gefährdet ist, dass er nur ein geringes Grundgehalt erhält und der Rest von seiner Performance und von knallharten Zahlen abhängig ist, kann er dem Schwager kaum nahebringen. Bernhard fühlt sich nach diesem Austausch, der keiner war, ausgelaugt.

Der Experte mit Universal-Tipps

Manfreds Bruder, Boris, ist selbständiger Unternehmer und hat einen kleinen Betrieb mit vierzig Mitarbeitern aufgebaut. In den letzten Monaten musste Boris einige langjährige Mitarbeiter entlassen, weil die Anforderungen an die Arbeit sehr stark gestiegen waren und diese Mitarbeiter sich nicht bereit erklärten, die Veränderungen mitzutragen und aktiv mitzugestalten. Jetzt ist er gerade in der Phase, den neuen Anforderungen entsprechend qualifizierte Personen einzustellen. Auf dem gleichen Familientreffen erzählt er über diesen Neustart. Sein Cousin Jürgen, der als Angestellter in einer Bank arbeitet, gibt seinen Kommentar ab, was Boris alles hätte anders machen sollen: »Du kannst doch nicht einfach die Leute nach so vielen Jahren entlassen«, sagt er fassungslos. »Haben die denn alle goldene Löffel gestohlen? In einem Familienunternehmen kannst du doch nicht so viele Menschen entlassen. Was sagen bloß die anderen?«

Täterprofil:
Diese Menschen glauben, dass ihre Welt und ihre Meinung auf die anderer übertragbar ist. Somit machen sie sich zum Experten für die Belange anderer. Typischerweise sind dies sehr rationale und ich-zentrierte Personen mit niedrigem Selbstwertgefühl, die kaum Einfühlungsvermögen in die Situation anderer besitzen. Es gibt aber auch Experten-Vampire, die neidisch auf andere sind, weil diese mehr erreicht haben, da sie mutig(er) waren. Sie selbst sind eher vorsichtig und ängstlich und müssen daher ihr Gegenüber kritisieren. Denn würde dieser Psychovampir zugeben, dass es dem anderen schlechter geht, müsste er sich gleichzeitig eingestehen, dass seine Probleme ja nicht so groß sind. Dies hätte fatale Folgen: Er müsste vielleicht sein Leben ändern oder seine bisher negative Einstellung.

Opferprofil:
Wer sich von diesem Typus auslaugen lässt, leidet oft an Selbstzweifeln, denn eigentlich ist klar, dass die Welt des einen nicht mit der des anderen zu vergleichen ist. Damit dürften die Äußerungen theoretisch nicht so ernst genommen

werden. Wer sich jedoch in einer emotional geschwächten Position befindet, wie Bernhard oder Boris, lässt Zweifel – auch von außen – zu. Gerade in Stresssituationen haben Experten-Vampire einen großen Einfluss auf uns, da sie unsere eigenen Zweifel erkennen und uns dadurch verunsichern. Das Opfer hat schon vor dem Gespräch ein latent schlechtes Gewissen, das durch die Äußerungen eines Psychovampirs noch unqualifiziert verstärkt wird.

Der psychologische Mechanismus:
Der Experten-Psychovampir verstärkt die geringsten Zweifel des Opfers am eigenen Tun und zieht es noch weiter hinunter. Er hat aber nur deshalb diese Macht, weil wir sie ihm geben. Wir erklären diese Person zum Experten und lassen seine Meinung an uns heran. Besonders sensible und reflektierende Menschen fallen ihm zum Opfer.

Das Au-pair-Mädchen und die Großmutter
Viviane verbrachte ein Jahr in Südfrankreich als Au-pair-Mädchen und hatte eigentlich großes Glück mit ihrer Gastfamilie. Sie verstand sich mit den zwei Kindern und deren Eltern hervorragend. Bei den gemeinsamen Essen zu Hause lachten sie viel, und das gegenseitige Vertrauen war groß. Ein Familienmitglied jedoch sprang aus dem harmonischen Rahmen: die Großmutter der zwei Kinder mütterlicherseits. Sie war kleinwüchsig, hektisch und wusste alles besser als ihre Tochter, als ihr Schwiegersohn, als ihre Enkelkinder und

auch besser als das Au-pair-Mädchen. Sie belehrte konstant ihre 38-jährige Tochter Eliane, die als Ärztin und Mutter zweier Kinder mit beiden Beinen im Leben stand. Als Viviane eines Samstagvormittags den ehrenvollen Auftrag hatte, das gesamte Familiendinner für das Wochenende, inklusive Flan, zuzubereiten, geschah in der Küche ein mittleres Drama. Die Großmutter stand unerwartet in der Tür und hatte nichts anderes im Sinn, als in die Kochtöpfe zu schauen. Nach ihren Vorstellungen fand sie eine Katastrophe vor, als sie den Zustand des Flans begutachtete. Sie gab Viviane unaufgefordert Rührtipps. Viviane begann, innerlich zu brodeln, übergab der Großmutter konsequent den Holzlöffel und verließ dann schweigend und sauer das Haus. Viviane sah die Großmutter für den Rest ihrer Monate in dem Haus nie wieder. Sie hatte Glück, nicht ein Familienmitglied zu sein. Denn als Viviane drei Jahre später während eines Urlaubs auf einen Überraschungsbesuch bei der Familie vorbeischaute, war das Haus kinderleer, Eliane war nicht da, nur der Familienvater saß allein zu Hause. Als Viviane fragte, was passiert sei, sagte der Vater nur kurz und traurig: »Meine Frau Eliane hat im Affekt ihre eigene Mutter erdrosselt.«

Täterprofil:
Dieses überaus dramatische und traurige – aber leider authentische – Beispiel zeigt, welchen zerstörerischen Effekt ein extremer Experten-Psychovampir besonders auf nahestehende Mitmenschen haben kann.

Opferprofil:
Die Opfer Viviane und Eliane haben beide sehr unterschiedlich reagiert. Während sich Viviane als halb Außenstehende leicht vom Vampir distanzieren konnte und zudem als Au-pair-Mädchen ein sehr viel entspannteres Leben führte als Eliane, war ein Abstandnehmen von der eigenen Mutter für Eliane weniger möglich – wenn auch nicht ganz unmöglich. Immerhin haben viele Töchter und Söhne das Verhältnis mit ihren Eltern abgebrochen. Unsere Gesellschaft sieht den Bruch in Familien als Schande. Es fragt sich aber, ob nicht ein bitteres Ende wie dieses letztlich die eigentliche Schande ist.

Der psychologische Mechanismus:
Experten-Vampire können Mitmenschen mit starker Stressbelastung und starken emotionalen Bindungen im wahrsten Sinne des Wortes in den Wahnsinn treiben.

> **Gegengift für Experten-Vampire:**
> Analysieren Sie, ob die Kritik dieser »Experten«, ganz sachlich gesehen, überhaupt qualifiziert sein kann! Bevor wir jemandem das Recht geben, als Experte aufzutreten, muss ich erst für mich abklären, ob er ein Experte ist und ich überhaupt einen Experten gerufen habe. Suchen Sie sich einige wenige Menschen im Leben aus, auf deren Urteilsvermögen Sie sich verlassen können.

TANZ DER VAMPIRE: EIN MANAGEMENT-TEAM VON NASEN-VAMPIR, WOLF-IM-SCHAFSPELZ-VAMPIR UND ICH-BIN-ES-NICHT-GEWESEN-VAMPIR

Stellen Sie sich einmal drei Menschen in einer Firma vor, von denen der eine seine Nase immer in die Angelegenheiten anderer steckt, obwohl das unnötig und für ihn selbst wahnwitzig zeitaufwendig ist, der andere als Chef nie die Verantwortung übernimmt und die Kunst beherrscht, nie schuldig zu sein, aber immer am Erfolg maßgeblich beteiligt ist, und der dritte zur Heuchelei neigt. Möchten Sie mit solchen Typen täglich zusammenarbeiten? Ganz nüchtern betrachtet wohl kaum. Doch was ist, wenn Sie einen Job antreten und erst Monate nach der Probezeit ein Szenario antreffen, das Ihnen gar nicht behagt? Hier die Geschichte von einer Beobachterin (der Sekretärin) eines Zulieferunternehmens aus der Autobranche.

In der Firma X beschwert sich ein wichtiger Kunde über eine falsche Lieferung von Autoteilen. Ihm wurden ausgerechnet die Teile geliefert, die an die größte Konkurrenz hätten gehen sollen. Michael, der Chef des mittelständischen Unternehmens, ist außer sich: »Das ist ja so was von peinlich, Leute; das darf einfach nicht passieren«, faucht er Sybille und Nazir wütend an. Die beiden tauschen unsichere Blicke aus und fragen nach, wer denn im Haus den Vertrag mit dem Kunden gemacht habe. Michael rollt nervös die Augen und erwidert, dass nicht nur er Verträge unterschreibe, wie ja alle wüssten, sondern auch Nazir. Nazir, der Nasen-Vampir, hat zwar die Persönlichkeit eines Schnüfflers und weiß deswegen immer über alles Bescheid, nur ausgerechnet von diesem Vertrag wusste er tatsächlich nicht viel. Da Michael aber Nazirs überaus großes Interesse für alles, was in seiner Umgebung passiert, kennt, beschuldigt er ihn der Unaufmerksamkeit: »Wir sind auf unserem Managementlevel alle gemeinsam verantwortlich. Das heißt, dass alle mitdenken müssen, jederzeit.« Für einen Moment herrscht Ruhe. »Und wer hat denn nun den Vertrag unterschrieben?«, fragt Sybille mutig nach, um Klarheit in die Angelegenheit zu bringen. Michael wird immer wütender und muss zugeben, dass er aufgrund von Ferienabwesenheiten diesen Geschäftsabschluss alleine getätigt hat. Erstaunlich für Sybille und Nazir ist jedoch, dass Michael beiden das Gefühl gibt, mitschuldig an dem peinlichen Vorfall zu sein, denn er wiederholt dreimal, dass alle im mittleren Management jederzeit volle Verantwortung für alles übernehmen sollen. Seine fast biblisch wiederholten Appelle gehen Nazir auf die Nerven, er verteidigt sich: »Dafür haben wir doch gar keine Zeit«, bemerkt er, obgleich gerade er seine Nase immer in alle möglichen Angelegenheiten steckt, die nicht seinen Bereich in der Qualitätssicherung betreffen. Nazir war aber im Urlaub in Südfrankreich und steckte seine Nase in Rotwein- und Parfümflaschen, als die Produkte die Firma verließen.

Da Michael aber nie aufgibt, wenn es um die Vertuschung

seiner eigenen Fehler und um die Verteidigung seiner eigenen Ehre geht, findet er im selben Meeting einen neuen Grund, seine Schuld auf die anderen abzuwälzen. So wühlt er einen Fall auf, der drei Monate zurückliegt und im Vergleich zu der Fehllieferung relativ nebensächlich ist. Damals vergaß die gerade frisch im Unternehmen gestartete Hilfssekretärin, eine Studentin, ein einziges Mal, den firmenweiten Anrufbeantworter am Tag vor einem regionalen Feiertag einzuschalten. Das wäre kaum in ein mittleres Drama ausgeartet, wenn Nazir an diesem Tag nicht zur Arbeit gekommen wäre und somit die Hälfte des Tages Telefondienst machen musste. Dies nervte ihn derart, dass er sich bei Michael beschwerte. Auch in diesem Fall geriet Michael außer sich und gab auch hier nicht sich selbst die Schuld dafür, dass die Hilfskraft nicht korrekt in ihren Job eingeführt worden war, obwohl das seine Aufgabe gewesen wäre. Stattdessen machte er Nazir dafür verantwortlich. Dass es Nazir nicht in den Sinn gekommen war, dass die Sekretariatskraft nicht eingeführt worden war, sollte eigentlich den Glauben Nazirs an die Managementfähigkeiten des Chefs bestätigen – diese Interpretation lag Michael jedoch fern. Als Ich-bin-es-nicht-gewesen-Vampir wollte er einfach per Prinzip nicht der Verantwortliche für Fehler sein.

Nazir seinerseits fiel in der Firma als allwissender, ständig präsenter und neugieriger Zeitgenosse auf und schaufelte sich als Nasen-Vampir sein eigenes »Grab«. Er schaufelte es aber auch für andere. Er konnte es einfach nicht lassen, nach den Gründen der Abwesenheit von Kollegen zu fragen und diese zu kontrollieren. Seine Aufgabe im Bereich der Qualitätskontrolle schien ihm nicht zu reichen, er musste einfach jeden und alles kontrollieren. Damit schuf er eine Kultur des Misstrauens, die sich als kontraproduktiv erweisen sollte. Denn die betroffenen Kollegen, für deren Präsenz er sich interessierte, hatten keinerlei Verbindung zu seinem Arbeitsbereich. Man vermutete, er kontrolliere im Auftrag des Chefs, und vermied folglich aus Selbstschutz die Nähe zu Nazir.

Aber weder seine Arbeit in der Qualitätskontrolle noch die »Überwachungskontrolle« befriedigte Nazirs Wissensdrang. Er mischte sich regelmäßig in Diskussionen ein, die ihn eigentlich nichts angingen. Er spielte zudem Kollegen gegenseitig aus, indem er Bemerkungen machte, die von anderen als nicht offizielle Informationen interpretiert wurden. Es machte ihm einfach Spaß, andere Menschen mit lockeren Sprüchen oder Fehlinformationen zu verunsichern.

Sybille stieg auf Nazirs Spiele nicht ein, sie war immun gegen den Nasen-Vampir, denn sie spielte ihrerseits als Wolf-im-Schafspelz-Vampir ihre eigene Musik. Ob dies eine Waffe war oder ihre Natur, sei dahingestellt. Ihr Spiel war noch verdeckter. Sie trug fast immer ein freundliches Dauerlächeln im Gesicht und fragte stets überaus freundlich, wie es einem denn so gehe. Sobald sie aber ihre Interessen in Gefahr sah und ihr ein offener Konflikt begegnete, überzog ein beinahe boshafter Blick ihr Gesicht. Mit diesem Wolfsgesicht war sie plötzlich kaum wiederzuerkennen. Sobald ein Kunde bei ihr eine Beschwerde einreichte, wollte auch sie es nicht gewesen sein. Aber schlimmer noch, sie pirschte sich mit ihrem überfreundlichen und harmlos wirkenden Schafsgesicht an die Kolleginnen im Kundendienst heran, befragte sie zunächst hinterhältig und ließ dann den Schafspelz fallen, indem sie diese Kolleginnen auf unfaire Weise zur Rechenschaft zog. Diese Unfairness manifestierte sich darin, dass sie die Fakten gar nicht interessierten. Ihr reichte die Meinung des erbosten Kunden, der Sachverhalt aus Sicht der eigenen Mitarbeiterinnen interessierte sie nicht. Der Kunde ist König, also bekommt er das volle Gehör und hat immer recht. Ihr Ruf unter den Mitarbeitenden wurde schlechter, sie liefen ihr scharenweise davon, weil sie den Druck und ihre Falschheit nicht mehr aushielten. Sybille hatte über Jahre das Problem, ihre Mitarbeitenden nicht halten zu können, besonders die guten.

Da Michael den dauerhaften Drang verspürte, Verantwortung auf andere abzuwälzen, verkaufte er Sybille eines Tages »das hohe und wichtige Amt« des Stellvertreters. Er kommunizierte es aber nicht dem gesamten Team, dass er nun eine Stellvertreterin habe. So nahm Sybille stolz ihr Amt wahr und spionierte sämtliche Kollegen aus. Sie verlor weiter an Sympathiepunkten, als schließlich herauskam, dass sie im Auftrag des Chefs handelt. Ihrerseits den negativen Druck nicht mehr aushaltend, verließ sie das Unternehmen nach relativ kurzer Zeit.

All diejenigen Menschen, die Michaels Firma über mehrere Jahre treu blieben, veränderten sich. Da drängt sich die Frage auf, ob er sie alle zu Vampiren machte. Zwang er sie vollkommen unbewusst und ungewollt zur vampirischen Überlebenstaktik?

Täter- und Opferprofile:
Der Nasen-Vampir
Dieser Typ steckt seine Nase in alle möglichen Dinge, die viele Mitmenschen angehen mögen – außer ihn selbst. Mit seinem Drang, sich dort einzumischen, wo es unnötig ist, sorgt er, wenn auch meist ungewollt, für Chaos und zahlreiche Missverständnisse unter den vielen, unnütz involvierten Opfern, die er in eigentlich belanglose Geschichten mit hineinzieht. Für sein niedriges Selbstwertgefühl benötigt er es, über alles und jeden informiert zu sein. Auch in Familien sollen Nasen-Vampire auftreten. Wenn man eine Information verbreiten möchte, dann ist er der richtige Adressat. Er sorgt mit seiner eigenen »Nachrichtenagentur« für sofortige Übermittlung der Nachricht, meist jedoch gefärbt durch eigene Interpretation. Seine Opfer entlarven ihn relativ rasch, versuchen ihm nur bestimmte Informationen weiterzugeben bzw. einige auch vorzuenthalten – aber oft vergebens.

> **Gegengift für Nasen-Vampire:**
> Wenn Sie jemanden als »Nachrichtenagentur« identifiziert haben, seien Sie extrem vorsichtig mit der Weitergabe von Nachrichten jeglicher Art. Hier kann man von Politikern und Diplomaten lernen: »Kein Kommentar.« Dies ist die beste und wirksamste Art, den Nasen-Vampir auszutrocknen. Denn was ist die beste Nachrichtenagentur ohne Nachrichten?
> Ebenfalls ist die Gefahr sehr groß, selbst zum Psychovampir zu werden und sich mit dem Nasen-Vampir zu verbünden. Seien Sie wachsam.

Der Wolf-im-Schafspelz-Vampir
Er ist heuchlerisch, aber nach außen immer nett, sodass er von vielen verkannt wird. Während es Menschen gibt, die unterschätzt werden, wird dieser Zeitgenosse oft überschätzt. Wie kann man solche Menschen erkennen? Eigentlich nur, wenn wir auf unsere eigene Wahrnehmung, auf unser Bauchgefühl achten. Die eigene Wahrnehmung kann richtig, leider aber auch völlig falsch sein. Hierbei ist die Rückmeldung anderer sehr wichtig. Wenn Ihr Gegenüber es ehrlich meint, dann kann seine Wahrnehmung uns helfen, unsere eigene zu objektivieren. Achten Sie auch gleichzeitig darauf, was eine Person in Ihnen auslöst, was sie mit Ihnen macht, wie Sie sich in ihrer Gegenwart fühlen bzw. wie Sie sich fühlen, wenn die Person nicht mehr anwesend ist. Wenn negative Gefühle aufkommen, seien Sie vorsichtig.

Geschichten häufiger Psychovampirtypen

> **Gegengift für den Wolf-im-Schafspelz-Vampir:**
> Auch hier besteht die Überlebensstrategie – wie so oft im Leben – in einer gesunden Distanz. Fallen Sie nicht immer wieder auf eine solche Person herein, da sie durch ihre Tarnung besonders schwer zu identifizieren ist. Auch wenn andere sie positiv werten, weil sie sich kümmert und ein scheinbar hohes Verantwortungsbewusstsein zeigt: Für Sie ist diese Person ein Psychovampir.

Der Ich-bin-es-nicht-gewesen-Vampir

Diese Menschen sind für ihr Umfeld sehr anstrengend, da sie keine Lösung suchen, sondern immer wieder beteuern, dass sie keine Schuld an Fehlern haben. Warum betont eigentlich eine Person so oft, dass sie es nicht war? Solche Menschen suchen zudem immer nach dem Schuldigen und geben oft keine Ruhe, bis dieser gefunden ist. Sie selbst sind es aber nie gewesen.

Die Selbstreflexion dieser Menschen ist leider sehr schwach ausgeprägt bzw. nicht entwickelt, und so blockieren sie jeden Gedanken, der auch nur im Entferntesten etwas mit ihnen zu tun haben könnte. Für das Gegenüber ist dies sehr anstrengend. Alle Beweise liegen sozusagen offen auf dem Tisch, und jedem ist klar, wer der »Täter« ist. Einige dieser Energieräuber haben sogar die Fähigkeit, aus der Täterrolle unbemerkt in die Opferrolle zu wechseln, mit dem Resultat, dass das Gegenüber sich plötzlich schuldig fühlt.

In Partnerschaften können wir dies häufig erleben. Nach langjährigen Beziehungskonflikten glaubt man manchmal, dass mit einem selbst vielleicht etwas nicht stimmen würde. Dies kann natürlich sein; es ist aber auch möglich, dass wir mit einem Ich-bin-es-nicht-gewesen-Psychovampir lebten.

> **Gegengift für Ich-bin-es-nicht-gewesen-Vampire:**
> Akzeptieren Sie, dass dieser Mensch so ist, wie er ist. Hört sich etwas simpel an, ist es aber (die Umsetzung dafür umso schwieriger). Dieser Psychovampir wird den Rest seines Lebens so weitermachen und damit auch durchkommen. Versuchen Sie nicht, ihn umzupolen.

TEIL 2

KAPITEL 4

Vampirentlarvung

*Was wunderst du dich,
dass deine Reisen dir nichts nützen,
da du dich selbst mit herumschleppst?*
(Sokrates)

Die Fallbeispiele im vorangegangenen Kapitel haben einen Überblick über den Mechanismus und die Varianten des Vampirismus und über das Opferverhalten gegeben sowie über Situationen, in denen Psychovampirismus auftauchen kann. Besonders das Beispiel von Eliane, die ihre Mutter umbringt, sollte gezeigt haben, wie gefährlich Psychovampirismus sein kann, wenn er verdeckt und in der unmittelbaren Umgebung stattfindet und sich ständig wiederholt, und was geschehen kann, wenn man den Psychovampiren keine Aufmerksamkeit schenkt und alles verdrängt. Den meisten Menschen, ob als Opfer oder als Psychovampir, ist dieser Mechanismus gar nicht bewusst. Den Psychovampir zu entlarven, ist deshalb schon der halbe Weg zum Ziel, ihn für sich unschädlich zu machen. Der Psychovampir arbeitet sozusagen mit einer Tarnkappe, und man muss diese Kappe wegnehmen und, wenn auch nicht öffentlich, dann aber wenigstens für sich, ihn als Psychovampir entlarven und ihm ab sofort anders begegnen.

Oft hören wir Menschen über anstrengende Zeitgenossen ausrufen: »Meine Güte, ist Frau P. oder Herr P. aber anstrengend.« Für weitere Reflexionen sind wir nicht sensibilisiert, und dies ist gefährlich. Denn der Psychovampir wirkt wie ein Leck im Tank: Man kann zwar weiterfahren, muss aber ständig tanken, da der Verbrauch gestiegen ist. Mit der Lebensenergie ist dies genauso, und einige Jahre oder Jahrzehnte später wundert man sich, dass man chronisch erschöpft, abgespannt, müde und vielleicht auch depressiv geworden ist. Die Wahrnehmung, dass wir jemanden als anstrengend erleben – wie grundsätzlich alle Wahrnehmungen –, beinhaltet eine rein subjektive Wertung, die nicht für alle Menschen gilt. Das bedeutet: Die in den vorangegangenen Fallbeispielen auftauchenden Psychovampire sind nicht universal identifizierte Täter. Zur Erinnerung: Udo mag für die eine Person ein ignoranter Psychovampir sein, auf eine andere wirkt er aufmerksam und »normal«. Und Udo kann plötzlich Opfer eines Experten-Vampirs werden, während andere Männer gegen diesen Vampir immun sein können und diesen nicht als solchen wahrnehmen. In Beziehungen kann man dieses Phänomen sehr gut beobachten: Der eine Partner wird als sehr anstrengend erlebt, und es kommt ständig zum Streit, aber nach einer Trennung kommt gerade dieser Partner mit einem neuen Partner sehr gut aus.

KURZE, WIEDERHOLTE ATTACKEN HINTERLASSEN NACHHALTIGE SPUREN

Ein Warnsignal gilt für alle Vampirtypen: In einer relativ unbedeutend scheinenden Situation, während einer kurzen Begegnung oder eines kurzen Ereignisses wird überproportional viel Energie von uns abgesaugt. Da dies in einem kurzen Zeitraum passiert, tendieren wir dazu, dieses punktuelle Erlebnis schnell wieder zu vergessen. Genau da liegt der Hase im Pfeffer! Wir müssen lernen, diese Momente mit vollem Bewusstsein aufzunehmen und zu charakterisieren. In der Positiven Psychotherapie sprechen wir in diesem Zusammenhang von den sogenannten Mikrotraumen, d.h. Kleinigkeiten, denen wir zunächst keine Bedeutung beimessen, die aber nach dem Motto »Steter Tropfen höhlt den Stein« verletzend wirken. Eine einmalige Attacke eines Psychovampirs hält jeder von uns aus, aber ihnen tagtäglich ausgesetzt zu sein, und dies über viele Jahre, das setzt uns zu.

Zur Illustration dieser punktuellen, wenn wiederholt, dann nachhaltigen Momente, in denen ein Vampir zuschnappt, sei hier noch ein Beispiel gegeben:

Herr Wiesel ist 45 Jahre alt und leitet ein mittelgroßes Unternehmen in der Dienstleistungsbranche. Er beschäftigt fünfzig Mitarbeitende, reist viel, hält viele Meetings und arbeitet zehn bis zwölf Stunden pro Tag. Er ist eine Frohnatur, fast immer gut gelaunt, hat seinen beruflichen Stress relativ gut im Griff, treibt Sport und ist fit. Herr Wiesel berichtet:

»Wenn ich nach einem Arbeitstag nach Hause komme, bin ich zwar etwas müde, aber nicht erschöpft. Ich freue mich, zu meiner Familie zu kommen, etwas Zeit mit den Kindern zu verbringen und mich dann mit meiner Frau auszutauschen. Aber kaum bin ich zu Hause, merke ich, wie meine Energie nach wenigen Minuten schwindet. Meine Frau ist zwar ein sehr netter Mensch, aber sie fühlt sich oft überfordert, schreit die Kinder an, beklagt sich häufig, ist sehr gestresst und bringt Termine durcheinander. Wenn ich nach Hause komme, übergibt sie mir sozusagen an der Tür die ganze Verantwortung für die Kinder und zieht sich zurück. Mit meinen Gedanken noch bei der Arbeit, muss ich nun nicht nur die Kinder organisieren, sondern erst mal die Atmosphäre entschärfen und positiv gestalten. Meine Frau schreit dann viel herum, nichts mache ich richtig, und ich bekomme laufend Vorwürfe, dass ich sie allein lassen würde mit den vielen Aufgaben im Haushalt. Innerhalb von fünf Minuten kostet mich die Zeit zu Hause mehr Energie als der ganze Arbeitstag von zehn Stunden.

Die Zeit spielt bei dieser Blutsauger-Geschichte keine Rolle. Es geht um die Intensität, d. h., auch eine einminütige Begegnung mit einem Psychovampir kann dem verbrauchten Energieaufwand eines ganzen Tages entsprechen. Immer wenn eine Begegnung oder Situation unproportional viel Energie verbraucht, könnte es sein, dass ein Psychovampir zugeschlagen hat.

Letzte Woche war meine Frau einen Tag bei ihren Eltern. Sie werden es kaum glauben, aber die Situation war sehr entspannt, die Kinder waren gut drauf, wir haben noch etwas gespielt, bevor ich sie ins Bett gebrachte habe, und beim Lesen und Fernsehen habe ich den Tag stressfrei für mich ausklingen lassen. Was soll ich tun? Am liebsten würde ich mich scheiden lassen. Aber wegen der Kinder ist dies wohl nicht möglich.«

WARNSIGNALE FÜR DEN »STUMMEN« VAMPIR

Wenn Sie abends erschöpft nach Hause kommen und Sie nicht wissen, warum Sie so fertig sind, obwohl es ein ganz normaler Tag war, dann hat Sie vielleicht ein Psychovampir heimgesucht. Und wenn Ihre Stimmung, die vorher gut war, plötzlich und ohne erkennbare Ursache kippt, dann hat Sie vielleicht ein Psychovampir angezapft, ohne dass Sie es bemerkt haben. Manchmal braucht es noch nicht einmal Worte, um den Bisseffekt zu spüren! Oft reicht ja bloß der Gedanke an eine bestimmte Person oder die Erwähnung des Namens, damit wir uns ohnmächtig fühlen. Wenn Sie beruflich bedingt an einem Tag viele Termine oder Besprechungen hintereinander haben, morgens auf die Liste schauen und dann plötzlich an fünfter Stelle den Namen »xy« lesen und aufschreien: »Oh, Gott. Nicht die schon wieder«, dann handelt es sich hier um einen Psychovampir.

Hier der folgende Fall, um den Effekt des stummen Psychovampirs zu illustrieren:

Dominique D. (34 Jahre, Marketingassistentin) hat eine wichtige Präsentation zu halten. Sie hat sich tagelang darauf vorbereitet. Die Präsentation läuft gut. Nach einer halben Stunde kommt ihr Chef in den Raum, gibt ihr ein Zeichen, dass sie einfach weitermachen soll (nach dem Motto: »Lassen Sie sich durch mich nicht stören. Bin gar nicht da«), und setzt sich in eine hintere Stuhlreihe des Raumes. Dominique D. macht zwar weiter, aber ihre Leichtigkeit und ihr Humor sind dahin. Die angenehme Atmosphäre, die bisher im Raum herrschte, verändert sich plötzlich, und Dominique D. fließt es nicht mehr so leicht wie gerade noch kurz vorher von den Lippen. Ihre ganze Energie scheint wie verflogen, weil sie weiß, dass sie in der Anwesenheit ihres Chefs ihre Worte sehr sorgfältig wählen sollte. Denn nur zu oft ist er nachtragend, reagiert auch mal cholerisch mit unerwarteten Wutausbrüchen. Kurz nachdem er in den Raum getreten ist, fühlt sie sich ausgelaugt. Ein Psychovampir hat zugeschlagen, obwohl er nichts gesagt hat. Dem Chef ist mit hoher Wahrscheinlichkeit nicht bewusst, dass er als Psychovampir erlebt wird.

DER UNIVERSALVAMPIR

In den meisten Fällen – bei ungefähr 90 Prozent! – ist der Psychovampir sehr individuell, d.h., nur ich erlebe ihn als Vampir, andere vielleicht oder überhaupt nicht. So sagt Freundin A zu Freundin B: »Ich weiß gar nicht, was du hast. Der Andreas ist doch so nett, der bringt immer Blumen mit, ist so höflich und grüßt einen. Ich verstehe gar nicht, dass du dich von ihm trennen möchtest. Vielleicht liegt es eher an dir, und du hast ein Problem mit Männern. Er ist nicht nur nett, er sieht auch noch gut aus.« Hier wird plötzlich aus dem Täter (in den Augen der Frau, die ihn verlässt) ein Opfer (die Frau verlässt ihn, was ihn nach außen als Opfer erscheinen lässt). Außenstehende können es oft gar nicht nachvollziehen, warum ich jemanden als anstrengend empfinde, da das Erleben subjektiv ist und mit meiner Lebensgeschichte und meiner eigenen Persönlichkeit zusammenhängt.

Beim Universalvampir hingegen ist die subjektive Wahrnehmung für alle gleich oder zumindest ähnlich, demnach also universell. Alle erleben ihn als anstrengend, und daher ist er nicht so bedrohlich. Die Tarnkappe ist ihm sozusagen abgenommen worden, und er wird wie eine Art Sonderling behandelt.

Hier ein Beispiel für eine Situation mit einem Universalvampir:

Weihnachten steht vor der Tür, und die ganze Familie will

zusammen feiern. Eigentlich freuen sich alle darauf, denn die vier Kinder kommen mit ihren Familien. Man trifft sich bei den Großeltern. Der Vater (78) ist sehr umgänglich, leicht »handhabbar« und immer für eine Überraschung gut. Die Mutter (75) wird von allen als recht anstrengend erlebt. Sie ist eine Perfektionistin, verlangt viel von sich und anderen, legt viel Wert auf Pünktlichkeit und Ordnung und reagiert unwirsch, wenn ihr etwas nicht passt. Alle Familienmitglieder wissen das und versuchen pünktlich da zu sein. Die Enkel sind angeleitet worden, ihre Sachen nicht herumzuwerfen und auch nicht liegen zu lassen, damit »die Oma sich nicht aufregt«. Man könnte die Oma ohne Weiteres als Universalvampir bezeichnen. Denn wenn jemand beispielsweise eine Reise gewinnen würde, wäre sie wohl die Letzte, die man dazu einladen würde. Opa hingegen würden alle sofort mitnehmen wollen. Da die Familienmitglieder wissen, dass Oma »schwierig« ist, sie sich vollkommen auf ihre Wünsche einstellen und nicht erwarten, dass sie sich plötzlich ändert, hat sie einen geringen Einfluss und wenig Macht über die anderen, ohne es zu merken. Trotzdem ist und bleibt sie sehr anstrengend.

TYPISCHE VAMPIRSPRÜCHE

Es gibt im Wesentlichen zwei Ebenen, auf denen Menschen kommunizieren: die Sachebene (sachlich-rationale Ebene) und die Beziehungsebene (emotionale Ebene). Der Psychovampir schlägt immer auf der Beziehungsebene zu, in 100 Prozent der Fälle. Auf der Sachebene kann man durchaus verschiedener Meinung sein, aber wenn es persönlich wird, dann entstehen Kränkungen, Enttäuschungen, Aggressionen und andere Gefühle.

Hier einige typische Psychovampir-Aussagen, die man kennen sollte, um potenzielle Vampire rasch zu identifizieren:

- »Von dir hätte ich dies nie erwartet.«
- »Ich dachte, du bist ein wahrer Freund.«
- »Sie sind meine letzte Hoffnung. Wenn Sie mir nicht helfen, dann ist wohl alles aus.«
- »Für deine Mitarbeiter und Kunden hast du immer Zeit, aber für mich und die Kinder nie.«
- »Wenn deine Sekretärin ein kleines Problem hat, nimmst du dir stundenlang Zeit für sie.«
- »Als ich neu war in der Firma, hatte ich auch so viele Ideen wie Sie.«
- »Wir haben das schon immer so gemacht.«
- »Wenn Sie mal so viel Erfahrung besitzen, wie ich sie habe, dann verstehen Sie alles besser.«
- »Ja, die Jugend – voller Tatendrang, aber ohne Erfahrung.«
- »Für deine Patienten hast du immer Zeit.«
- »Ich habe mich in Ihnen getäuscht. Sie sind auch nicht besser/anders als die anderen.«
- »Vielleicht müssen Sie sich überlegen, ob Sie hier am richtigen (Arbeits-)Platz sind.«

- »Ich dachte, wir sind Freunde …«
- »Du bist wie die anderen. Ich dachte, du bist anders.«
- »Früher war alles besser.«
- »Diesen Vorschlag hatten wir vor Jahren schon mal.«
- »Ich habe dir auch geholfen, als es dir schlecht ging. Ist es jetzt zu viel verlangt, wenn ich dasselbe von dir erwarte?«
- »Es ist okay, dass du keine Zeit für meine Probleme hast. Du hast viele Sachen zu erledigen, die wichtiger sind als mein Anliegen.«
- »Es tut mir leid, dass ich Sie mit meinen Problemen belästige. Es gibt andere, die Ihre Hilfe dringender benötigen.«
- »Ist schon in Ordnung, dass du keine Zeit für mich hast. Es war nicht so wichtig.«

Seien Sie vorsichtig: Alle diese Äußerungen könnten auch offen und ehrlich von einem »Nicht-Vampir« stammen, aber oft sind sie vampirisch angehaucht.

IDENTIFIZIERUNGSETAPPEN

Der erste Schritt zur Entlarvung eines Psychovampirs ist, die eigene Umgebung und die täglichen Herausforderungen zu analysieren. Evaluieren Sie Ihren Alltag/Tagesablauf, um festzustellen, was, wer und welche Situation Ihre Energie absaugt.

Vampirische Personen

Zunächst gilt es, die Vampire im eigenen Umfeld zu erkennen. Man kann dreißig Jahre von einem Psychovampir umgeben sein und es nicht genau erkannt haben und hat sich somit immer wieder aussaugen lassen:

1) Versuchen Sie spontan, die Menschen zu identifizieren, und notieren Sie jene, die in »Verdacht« stehen, für Sie ein Vampir zu sein. Welche Menschen in Ihrer direkten Umgebung erleben Sie ehrlich gesagt als anstrengend? Mit wem würden Sie am liebsten den Kontakt reduzieren oder gar vermeiden? Seien Sie offen und ehrlich zu sich selbst, auch wenn es sich hierbei um Personen wie Ehepartner, Eltern, Kinder, Vorgesetzte etc. handelt, d.h. um Menschen, die Sie nicht so einfach aus Ihrem Leben streichen können und die man moralisch lieben und achten muss und offiziell nie als Psychovampir bezeichnen dürfte. Schreiben Sie die Namen derjenigen Personen auf, deren bloße Erwähnung in Ihnen negative Gefühle auslösen wie z.B.: »Oh Gott, der schon wieder«, oder Sprüche wie: »Sagen Sie ihm, dass ich nicht da bin« oder dann Handlungen wie: »Schnell den Hinterausgang nehmen, bevor sie kommt.«

2) Notieren Sie die Namen derjenigen, mit denen Sie zu tun haben und die andere Menschen als anstrengend erleben, bei denen Sie es aber ablehnen – aus welchen Gründen auch immer –, diese als Psychovampire zu bezeichnen.

3) Listen Sie die Namen derjenigen auf, mit denen Sie tag-

täglich zu tun haben und die Sie nicht vermissen, wenn sie mal nicht da sind.
4) Schreiben Sie die Namen derjenigen auf, ohne die die Sitzung (Beratung, Versammlung oder Besprechung) deutlich positiver, angenehmer und rascher verläuft, als wenn diese Personen anwesend sind.

Vampirische Situationen

Auch Situationen als solche können energieraubend sein. Welche wiederkehrenden Situationen erleben Sie als »stressig«?

Zur Illustration sei hier eine persönliche Erfahrung aus Russland angeführt:

Als einer der Autoren (H.P.) Anfang der 1990er Jahre für sechs Monate durch die damalige UdSSR reiste, um Vorlesungen und Seminare in verschiedenen Universitäten zu halten, waren die Verhältnisse nicht ganz einfach. Er erzählt: »Es gab wenig zu essen, ich konnte kein einziges Wort Russisch, kaum jemand sprach Deutsch oder Englisch, ich war jede Woche in einer fremden Stadt, es war zeitweise bis zu minus 20 Grad kalt, es gab kaum Kommunikationsmöglichkeiten mit Deutschland (kein Handy, keine E-Mail, ein schlechtes Telefonsystem) – um nur einige Punkte zu nennen. Nach der ersten, sechsmonatigen Reise – später wurden acht Jahre daraus – führte ich eine Energie-Evaluation für mich selbst durch. Zu meiner völligen Überraschung stellte ich fest, dass weder Kälte, Hunger, Sprachprobleme noch Einsamkeit mir viel Energie abgesaugt hatten, vielmehr waren es die Übernachtungsumstände. Da es damals kaum Hotels gab, übernachtete ich während der Reise bei den russischen Gastgebern zu Hause. Hier konnte ich die russische Gastfreundschaft direkt erleben und schätzen lernen. Aber die Wohnungen waren mit zwei Zimmern sehr klein, sodass ich meistens im Wohnzimmer (als Durchgangszimmer) übernachten musste. Jeder musste da durch, um in die Küche, ins Bad oder WC zu gelangen – Menschen und Haustiere. Nach einem langen Seminartag brauchte ich etwas Erholung und einen geschützten ›Rahmen‹, den ich hier nicht fand. Auch gab es abends im vertrauten Familienkreis lange Gespräche über Eheprobleme, psychische Probleme etc., welche die Gastgeber mit mir besprechen wollten. Aus Höflichkeit sagte ich zunächst nicht Nein und überforderte somit mich selbst. Bei dieser Evaluation im Frühjahr 1992 wurde mir klar, dass die Übernachtungsfrage vielleicht mehr als 70 Prozent meiner Energie geraubt hatte – und ich änderte ab Sommer 1992 meine Vorgehensweise. Ich schrieb an die zukünftigen Seminarorganisatoren und bat zu deren großen Erstaunen darum, dass ich im Hotel oder in einer Art Studentenwohnheim übernachten möchte. Ungern kamen sie meinem Wunsch nach, u.a. auch deshalb, weil die Wohnheime sehr schlecht waren – oft ohne Wasser, kaum geheizt und gefährlich. Aber es war für mich sehr entlastend. Abends wurde ich dort abgeliefert; und im Zimmer angekommen, konnte ich die Tür (ver-)schließen und mich ausbreiten – emotional und praktisch. Trotz der Kälte (oft waren die Hostels nicht wärmer als 13 bis 15 Grad) war es wunderbar – und lebensenergiesparend.«

Andere Beispiele für »vampirische« Situationen können der tägliche Stau auf der Fahrt zur Arbeit sein, Probleme zu Hause oder Unordnung auf dem Schreibtisch.

Drei Methoden zur Entlarvung: Sind Sie ein Opfer?

Nachfolgend finden Sie Anregungen, die Ihnen bei Ihrer Selbstreflexion, ob Sie von Psychovampiren heimgesucht werden, helfen können.

1. Methode:
Erstellen Sie eine Liste Ihrer regelmäßigen Aktivitäten in den 3 Spalten: Zeit/Energie/Geld, und fragen Sie sich systematisch:

- Wie viel Zeit wenden Sie für ein(e) bestimmte(s) Aufgabe/Aktivität/Projekt auf?
- Wie viel Energie, Kraft, Gedanken etc. müssen Sie in diese Aufgabe investieren, bzw. wie viel Energie nimmt Ihnen die Aufgabe?
- Was kommt finanziell dabei heraus? (Es gibt viele Menschen, die viel Zeit in unendlich viele ehrenamtliche Aufgaben investieren und keine Zeit haben, die wirklich wichtigen Sachen zu erledigen.)

Sollten Sie beispielsweise in eine Sache viel Energie investieren und wenig Zeit für andere Dinge übrig haben, dann könnte ein Psychovampir in Ihrer Nähe herumschwirren. Sollten Sie wenig Energie brauchen und trotzdem wenig Zeit für andere Dinge haben, dann könnte ebenfalls ein Vampir unbemerkt an Ihnen nagen. Es gibt durchaus einzelne Lebensbereiche, die viel Energie brauchen, aber im Gegenzug muss es Bereiche geben, die Energiespender sind.

2. Methode:
Identifizieren Sie den Unterschied zwischen wichtigen und dringenden Aufgaben, mit denen Sie täglich beschäftigt sind. Beobachten Sie Ihre Tätigkeiten eine Woche lang und erstellen Sie eine Liste mit folgender Skala:
- wichtig und dringend
- unwichtig und dringend
- unwichtig und nicht dringend
- wichtig und nicht dringend

Dies ist eine bekannte Übung aus dem Zeitmanagement. Erfahrungsgemäß wenden wir über die Hälfte der Zeit für Angelegenheiten auf, die für uns unwichtig, aber für andere oft dringend sind. Sollten Sie beispielsweise Ihre Antworten zu sechzig Prozent mit »unwichtig und dringend« bezeichnet haben, tun Sie offensichtlich oft Dinge, um anderen einen Gefallen zu tun. Sie können nicht Nein sagen und lassen sich fremdbestimmen. Effizientes und selbstbestimmtes Verhalten zeichnet sich jedoch aus durch die Erledigung wichtiger Angelegenheiten! Hier könnte ein Psychovampir Sie auf der emotionalen Ebene zu greifen versuchen, an Ihr schlechtes Gewissen appellieren oder an Ihrem Selbstwertgefühl nagen. (»Kannst du bitte dies für mich erledigen? Ich habe nur dich. Kein anderer kann dies so gut. Wenn du mir nicht hilfst, dann weiß ich auch nicht weiter.«)

3. Methode:
Sie könnten dann von einem Psychovampir umgeben sein, wenn folgende Situationen auf Sie zutreffen:

- Sie merken, dass andere einen zu großen Einfluss auf Sie, auf Ihr Wohlbefinden, auf Ihr Selbstwertgefühl oder auf Ihr Verhalten haben. Wenn Sie unverhältnismäßig stark auf eine (kleine) Situation reagieren, könnte dies auch ein Zeichen sein. Beispiel: Jemand sagt einen Satz wie »Typisch Frau«, und Sie sind sauer, es lässt Sie nicht los, und Sie können sich kaum mehr auf Ihre Arbeit konzentrieren.
- Ihre Tagesstimmung war eigentlich stabil, aber eine kurze Begegnung mit jemandem reicht aus, um diese positive Stimmung zu drücken. Listen Sie auch hier täglich die Namen dieser Personen auf sowie die Situationen der Begegnungen.
- Sie geraten immer wieder in dieselbe Situation mit der gleichen Person, und Sie fühlen sich danach jedes Mal schlecht, weil das gleiche Spielchen abgelaufen ist und

Sie sich über sich selbst ärgern. (Wie im Beispiel in Kapitel 1, Situation 3: Eine Studentin kommt am Wochenende nach Hause. Sie will den Eltern über die Uni und das Erlebte berichten und beginnt, sich zu öffnen. Die Eltern unterbrechen sie nach kurzer Zeit und fragen, ob sie auch genügend zu essen habe, wie das Wetter sei etc. Jedes Mal wiederholt sich dieses Schema, und die Studentin fühlt sich unverstanden.)
- Sie merken, dass im Zusammensein mit einer bestimmten Person eine Art Fernsteuerung die Kontrolle über Sie gewinnt. Fragen Sie sich, in wessen Gegenwart Sie sich plötzlich fremdbestimmt fühlen, obwohl Sie sonst eigentlich eher ein selbstbestimmter Mensch sind.

Haben Sie den Mut, jemanden in Ihrer ganz persönlichen Analyse für sich als Psychovampir zu bezeichnen? Oft scheuen wir uns davor, da Höflichkeit, sich zusammenzunehmen und die Situation zu ertragen gerade die Kennzeichen der Opfer sind. Wir legen aber nicht gleich eine psychiatrische Diagnose fest, wenn wir uns selbst offen sagen, was wir von der anderen Person denken, sondern wir beurteilen rein subjektiv. In der Psychotherapie erleben wir häufig, wie der Psychovampir, der ja oft ein sehr enges Familienmitglied ist, vom Opfer auf der rationalen Ebene verteidigt wird mit »so schlecht ist er ja gar nicht; er ist ja sonst in Ordnung« und »andere Menschen mögen ihn ja sehr«. Mit etwas Zeit wird eine distanziertere Beurteilung jedoch möglich.

KAPITEL 5

Warum wir jemanden als Psychovampir erleben

*Niemand ist frei,
der nicht über sich selbst Herr ist.*
(Matthias Claudius,
1740–1815, Dichter)

Die meisten Menschen neigen spontan dazu, sich in erster Linie mit dem »Täter«, also dem Psychovampir, auseinanderzusetzen, um die Situation zu verbessern. Denn unser erster Impuls ist, den Täter zur Strecke zu bringen und das Opfer nicht weiter unter die Lupe zu nehmen. Der Denkfehler hierbei ist jedoch, dass wir bei diesem Ansatz davon ausgehen, dass sich Menschen unsertwegen verändern. Dem ist nicht so!

Die Praxis hat gezeigt, dass wir zunächst erkennen und

> Unterscheide zwischen Auslöser und Ursache:
> Der Psychovampir ist der Auslöser, aber nicht die Ursache eines unbearbeiteten, unbewussten, inneren Konfliktes, der in mir seit langem vorhanden ist.

begreifen müssen, weshalb Menschen von manchen als Psychovampire erlebt werden und von anderen wiederum überhaupt nicht – mit Ausnahme der in Kapitel 4 beschriebenen Universalvampire. Auf welchen »Knopf« drückt der Psychovampir bei mir, und was genau löst er in mir aus?

Die Antwort darauf hängt in erster Linie von mir selbst ab und erst an zweiter Stelle vom Psychovampir. Der Vampir wird zwar als Ursache meiner Probleme erlebt, aber er ist zunächst nur der Auslöser eines unbearbeiteten, unbewussten Konfliktes, der in mir seit langem vorhanden ist.

In der Positiven Psychotherapie unterscheiden wir hierbei zwischen Aktual- und Grundkonflikt sowie dem inneren Konflikt.

Als *Aktualkonflikt* bezeichnen wir akute oder chronische Ereignisse in der Gegenwart, wie z. B. Todesfälle, berufliche Veränderungen, partnerschaftliche Ereignisse wie Scheidung oder Heirat, finanzielle Veränderungen etc. Der Aktualkonflikt ist zunächst wertneutral und bekommt eine persönliche Bedeutung für mich, je nachdem, wie wichtig dieses Ereignis für mich ist. Wenn jemand stirbt, dann ist dies zunächst wertneutral. Die Fragen meiner Beziehung zu dieser Person, meine Beziehung zum Tod und zum Sterben, die Folge des Todesfalls, wie beispielsweise Erbschaftsprobleme, und insbesondere meine bisherigen Erfahrungen mit dem Thema Tod geben dem wertneutralen Ereignis eine Bedeutung. Der Aktualkonflikt kann nun aber einen ruhenden Grundkonflikt reaktivieren. So kann eine Scheidung den frühen Verlust des Vaters reaktivieren, da es wieder einen Verlust eines Mannes darstellt, den die Person geliebt hat. Der Aktualkonflikt reißt hier eine alte Wunde auf.

Der *Grundkonflikt* stellt meine emotionale Ausgangssituation dar, die in der frühen Kindheit zementiert wird. Ein Beispiel wäre der frühe Verlust des Vaters, nachdem die Eltern sich scheiden ließen und es keinen Kontakt mehr zum Vater gab. Der Grundkonflikt ist wie ein schlafender Hund und lässt die Person zunächst normal weiterleben. Man kann viele Jahre, ja ein Leben lang, mit einem Grundkonflikt leben, d. h., nicht jeder, der eine schwierige Kindheit hatte, muss später Probleme im Leben bekommen. Erst ein akuter Auslöser, d. h. ein Aktualkonflikt, kann diesen reaktivieren.

Menschen werden aber nicht wegen einer schwierigen Kindheit oder wegen aktueller Ereignisse krank. Es muss zu einem *inneren Konflikt* kommen. Dieser entsteht, wenn unterschiedliche Wünsche und Bedürfnisse aufeinandertreffen. Er ist immer unbewusst und stellt eine scheinbar unlösbare Situation dar. Häufig führt dies zu Hoffnungs- und Ausweglosigkeit. Die Folgen sind psychische oder körperliche Erkrankungen. Ein gutes Beispiel ist eine Trennungssituation. Aktuell gibt es Probleme mit dem Partner, wie zum Beispiel Unzuverlässigkeit oder Untreue. Man beschäftigt sich mit einer möglichen Trennung. Wenn aber innere Wertvorstellungen, wie zum Beispiel »Treue bis zum Tode«, existieren, die man von seiner Kultur und Erziehung mitbekom-

Warum wir jemanden als Psychovampir erleben

men hat, kommt es zu einem unlösbaren, inneren Konflikt: Ich kann nicht mehr mit dem Partner zusammenleben, aber eine Trennung darf auch nicht sein.

Der Psychovampir reaktiviert den Grundkonflikt, der, wie ausgeführt, in den Jahren der Kindheit entstanden ist. Genau hier müssen wir ansetzen, wenn wir eine langfristige »Immunisierung« anstreben.

Der zentrale Angriffspunkt des Vampirs ist meistens unser Selbstwertgefühl, das in der Kindheit, d.h. in der Phase der Formierung des Grundkonflikts, entsteht. Der Vampir identifiziert unsere Schwachpunkte ohne bewusste Boshaftigkeit, zumal er ja auch nicht weiß, weshalb er einen solchen Einfluss hat. Positiv gesagt, hilft der Vampir uns, uns unserer Schwächen und Unvollkommenheiten bewusst zu werden – leider ohne dass wir ihn darum gebeten haben. Es handelt sich im Grunde um eine Art kostenlose Selbsterfahrung oder Selbstreflexion, die sonst vielleicht sehr lange dauern – oder nie zustande kommen würde.

> Positiv gesagt, hilft der Vampir uns dabei, uns unserer Schwächen und Unvollkommenheiten sowie unserer Zweifel und Wünsche bewusst zu werden.

DER STELLENWERT DES SELBSTWERTGEFÜHLS

Selbstwertgefühl unter der Lupe I:
Das Problem, nicht »Nein« sagen zu können

Ellen (38), Marketingassistentin, mag ihren Job sehr. Nur mit ihrem direkten Vorgesetzten hat sie Probleme. Ivan ist 32 Jahre alt, seit zwei Jahren in der Firma und ein Machttyp – mit einer Tendenz zum Fallstrick-Vampir. Ellen ist gewissenhaft, ordentlich und kommt eigentlich mit der Arbeit gut klar, wenn nur Ivan nicht so oft unerwartet in ihr Büro kommen und ihr ständig neue, außerplanmäßige Aufgaben geben würde. »Dies, Ellen, muss ganz dringend erledigt werden. Es tut mir leid, aber ich habe vom Vorstand Druck bekommen und muss bis Freitag dies abgegeben haben, und nur Sie können mir helfen.« Ellen kommt aus einer Familie, in der sie nicht gelernt hat, »Nein« zu sagen. Man war immer für andere da und musste eigene Bedürfnisse hintanstellen. Deswegen wird sie auch von Kollegen und Mitarbeitern sehr geliebt – sie ist immer höflich, beschwert sich nie und erledigt alles. Jedes Mal, wenn Ivan in ihr Büro kommt, fühlt sie sich danach völlig ausgelaugt und hat deshalb schon jeden Tag Angst davor, ihm zu begegnen. Die Arbeit, die ihr so viel Freude gemacht hat – insbesondere als Ivans Vorgänger noch in der Firma arbeitete, mit dem sie sehr gut auskam –, erlebt sie zunehmend als belastend, muss sich morgens aufraffen hinzugehen (was sie von sich nie kannte), ist öfters erkältet (trotz sportlicher Fitness), und als ein anderes Jobangebot sie erreicht, kündigt sie, ohne es eigentlich zu wollen.

Hier hat Vampir Ivan auf den »Höflichkeits- und Gefälligkeitsknopf« gedrückt, einen Knopf, der sehr weit verbreitet ist. Höflichkeit bedeutet hier, es anderen recht machen zu wollen, andere nicht belasten zu wollen, es eher herunterzuschlucken, sich selbst Sachen aufzubürden und zu ertragen. Über 90 Prozent der Psychotherapiepatienten gehören erfahrungsgemäß zum Höflichkeitstypen, der sich anpasst, um andere nicht zu belasten. Unbewusst geht es hier oft um die Angst, abgelehnt bzw. nicht mehr geliebt zu werden. Eigene Bedürfnisse werden unbewusst hintangestellt, damit das Gegenüber mit uns zufrieden ist.

Selbstwertgefühl unter der Lupe II: »Was sagen bloß die Leute?«

Jan (45) ist wieder mal etwas später von der Arbeit nach Hause gekommen. Die beiden Kinder (7 und 8) sind noch wach, aber viel ist nicht mehr los. Nach dem Abendessen bringt er die Kinder ins Bett und freut sich schon auf einen ruhigen Abend. Unerwartet klingelt es an der Tür, und seine Frau Julia öffnet. Es ist ein befreundetes Paar, das gerade in der Nähe war und mal hereinschauen wollte. »Stören wir euch? Wir waren gerade in der Nähe und wollten nur kurz Hallo sagen.« Julia stammt aus einer Familie, wo es immer hieß: »Was sagen bloß die Leute, wenn ich mich falsch bzw. unfreundlich verhalte? Das kannst du doch nicht machen. Was denken die Nachbarn über uns?« Sie lässt die Gäste herein, obwohl sie eigentlich auch keine Lust hat, wohl wissend, dass ihr Mann gar nicht begeistert sein wird. »Nein, ihr stört doch nie. Kommt doch einfach rein. Wir haben eh heute Abend nichts vorgehabt.« Jan kommt etwas später aus dem Kinderzimmer zurück, und sein Gesichtsausdruck liest sich wie ein offenes Buch. Nach kurzem Smalltalk verabschiedet er sich von seiner Frau und den Gästen, er habe noch einiges für die Arbeit zu erledigen. Ein bis zwei Stunden später, die Gäste sind gegangen, geht Julia ins Schlafzimmer. Sofort wird sie von Jan »angemacht«: »Immer du mit deiner Freundlichkeit. Warum hast du ihnen nicht gesagt, dass sie stören? Du hast uns den ganzen Abend verdorben.« Er dreht sich um und schläft ein. Julia weint und ärgert sich wieder mal über sich selbst. Warum hat sie die Gäste nicht gleich an der Tür nach Hause geschickt? Jan hätte das geschafft.

Auch hier geht es um das Selbstwertgefühl, das sich Julia zum großen Teil von außen zuführt. Indem man andere zufriedenstellt, bekommt man Anerkennung, wird gebraucht und geliebt. Gerade in Partnerschaften führt dies oft zu Problemen. Die Psychovampire waren in diesem Beispiel die Gäste, ohne dass sie es wollten. Auch war ihnen nicht bewusst, was sie auslösten.

Jeder Mensch hat ein bestimmtes Selbstwertgefühl. Es sollte aber positiv sein. Daraus ergeben sich dann das Selbstbild, das Selbstvertrauen, aber auch die Grundlage, um Beziehungen mit anderen Menschen einzugehen. Das Selbstwertgefühl bzw. die Grundlage dafür wird in der frühen Kindheit gelegt. Wir können in diesem Zusammenhang nicht auf die genauen und sehr komplexen Mechanismen eingehen, aber es gibt einige Faktoren, die wesentlich zur Entwicklung eines gesunden bzw. defizitären Selbstwertgefühls beitragen. Ein entscheidender Faktor ist die Frage, wie die Liebe der Eltern subjektiv erlebt wurde.

Die Wichtigkeit der bedingungslosen Liebe

In der Psychologie spricht man von der bedingten und der bedingungslosen Liebe. Die *bedingungslose Liebe* ist der Idealfall, aber leider nicht der Normalfall. Eltern lieben das Kind, einfach weil es da ist. Die Botschaft lautet sozusagen: »Genau auf dich haben wir gewartet. Du bist unser Wunschkind. Genau so haben wir uns unser Kind vorgestellt. Du musst nichts Besonderes machen oder leisten. Dass du da bist, ist für uns genug.« Vom Kind wird dies aufgesogen und sehr positiv erlebt: »Es ist gut, dass ich da bin. Ich muss keine Leistung und kein besonderes Verhalten erbringen.« Das Kind erkennt bereits in den ersten Lebensmonaten und -jahren, dass es wert ist, geliebt zu werden. Damit reift langsam, aber sicher ein gesundes Selbstwertgefühl heran, das sozusagen von innen heraus gespeist wird und unter normalen Umständen auch ein Leben lang anhält. Vielleicht haben Sie bereits beim Lesen dieser Zeilen bemerkt, wie sich Ihr Gesichtsausdruck verändert hat, Sie gelächelt und Sie sich sehr wohl gefühlt haben oder aber Sie daran zweifeln, bedingungslose Liebe vom Elternhaus erfahren zu haben.

Die Realität der bedingten Liebe und die Folgen

Weitaus häufiger wurde die elterliche Liebe als *bedingt* erlebt. Fragt man aber Eltern, ob sie bedingungslos ihr Kind lieben, erhält man immer eine klar bejahende Antwort. Denn sie haben aus ihrer Sicht das Kind immer bedingungslos geliebt. Wichtig und entscheidend ist, wie der Mensch es selbst erlebt hat, wie die Liebe der Eltern bei ihm angekommen und wahrgenommen worden ist. Bedingte Liebe äußert sich oft nach dem Spruch: »Wir haben dich sehr lieb, aber wenn du dein Zimmer aufräumst, gute Noten mit nach Hause bringst und immer schön brav bist, dann haben wir dich besonders lieb.« Oft findet dies unausgesprochen statt, aber nichtsdestotrotz merkt bereits das Kleinkind, was von ihm erwartet wird. Da jeder Mensch Liebe von seinen Eltern erhalten möchte, wird alles in Bewegung gesetzt, um den Anforderungen und Erwartungen zu entsprechen. Besonders mit Beginn der Grundschule bekommt dieser Mechanismus eine Eigendynamik. Denn plötzlich kommt die Leistung (Schulnoten) ins Spiel, und damit gibt es eindeutige Parameter. Diese Kinder bringen oft nur noch gute Noten nach Hause und werden später sehr erfolgreich. Aber da das Selbstwertgefühl nicht von innen heraus kommt, ist es auf ständige »Zufuhr« von außen angewiesen. Liebe wird meistens entweder an Leistung und/oder gutes Benehmen (Höf-

Warum wir jemanden als Psychovampir erleben

lichkeit) gekoppelt. Jahrzehnte später sind diese Menschen sehr leistungsfähig. Aber sie kommen innerlich nie zur Ruhe. Jede Herausforderung, die unbewusst Anerkennung (und Liebe) bringen kann, wird angenommen. Gerade die Berufswelt bietet sich hierfür an, und dann noch zu einer Zeit, in der gesellschaftlich primär Erfolg und Leistung zählen.

Wie wir an den Fallbeispielen gesehen haben, appellieren Elternvampire, Chefvampire oder ganz einfach unerwartete Gäste vor der Tür an das niedrige Selbstwertgefühl, »drohen« indirekt damit, die Liebe zu entziehen, und stellen gleichzeitig eine Belohnung in Aussicht: »Wenn du dies für mich heute noch erledigst, dann habe ich dich lieb.« Und wer möchte nicht geliebt werden? Wer möchte, dass jemand draußen herumläuft und vielleicht etwas Schlechtes über uns sagt?

Ein geringes Selbstwertgefühl ist also ein häufiger Grund für die Opferrolle bei Psychovampiren und äußert sich im hohen Bedarf an Liebe von außen oder an der Unfähigkeit, Nein sagen zu können und es allen recht machen zu wollen. Sicherlich gibt es auch Situationen, bei denen es nicht um das Selbstwertgefühl per se gehen muss, sondern andere persönliche Ursachen eine Rolle spielen. Dies sind Situationen, in denen man sich ungerecht behandelt fühlt; Situationen, in denen Menschen einen auflaufen oder ins offene Messer laufen lassen; wenn wir Wut und Aggression beim anderen spüren, unser Gegenüber diese Gefühle jedoch nicht äußert; unausgesprochene Heuchelei, Gefühle und Probleme; Enttäuschung meiner Erwartung durch den anderen; Menschen, die kleine Situationen dramatisieren; wenn sich Menschen mit unnötigen Kleinigkeiten und Problemen beschäftigen – was natürlich immer subjektiv ist.

Übung zur Analyse des Selbstwertgefühls

Aus dem Managementtraining stammt folgende Technik zur Überprüfung des eigenen Selbstwertgefühls. Jeder von uns hat 100 Prozent Selbstwertgefühl. Wenn wir uns mit einer Aktiengesellschaft vergleichen, hat jeder von uns 100 Prozent Selbstwertaktien. Die Frage ist, wer ist der Besitzer meiner Selbstwertaktien? Wem oder an was habe ich mein Selbstwertgefühl oder einen Teil davon unbewusst abgegeben? Gibt es gar einen Hauptaktionär, der mehr als 50 Prozent besitzt und somit über mein Selbstwertgefühl entscheidet? Halte ich selbst auch einige Aktien, oder habe ich alles abgegeben? Die Durchführung dieser Übung in Dutzenden von Seminaren hat gezeigt, dass es eine sehr schwierige, da tief gehende Übung ist. Sie ist aber ein ganz wichtiger Schritt hin zu einem selbstbestimmten und bewussten Leben. Ich muss mir zunächst bewusst werden, wer oder was Einfluss auf mein Wohlbefinden und mein Selbstwertgefühl hat. Erst dann kann ich es zu ändern versuchen.

> Wenn wir uns mit einer Aktiengesellschaft vergleichen, hat jeder von uns 100 Prozent Selbstwertaktien. Die Frage ist, wer ist der Besitzer meiner Selbstwertaktien?

Versuchen Sie nun, die 100 Prozent Selbstwertgefühl auf verschiedene Kategorien zu verteilen. Meistens werden dies Menschen sein. Es können aber auch Dinge sein wie die Gesundheit oder Geld. Eine Gegenprobe kann einem vor Augen führen, wie abhängig wir von diesem Bereich oder dieser Person sind. Wie wird Ihr Selbstwertgefühl beeinflusst, wenn Sie krank sind oder wären? Welchen Einfluss hat ein Streit mit Ihrem Partner auf Ihr Selbstwertgefühl oder ein Problem am Arbeitsplatz?

Eine Anmerkung zum Hauptaktionär: Man kann einen haben, muss aber nicht.

Eine Anmerkung zum Ich: Sie selbst können einen Teil Ihrer Selbstwertaktien besitzen, aber Sie müssen kritisch hinterfragen, ob dies wirklich so ist. Manchmal sind wir mit uns nur dann zufrieden, wenn wir erfolgreich (Beruf) sind oder die Beziehung (Kontakte) gut läuft. Eigene Aktien zu besitzen, bedeutet, dass ich mich selbst so annehme, wie ich bin, und dass es einen Teil in mir gibt, der von meiner Performance oder anderen Faktoren unabhängig ist. Sozusagen vergleichbar mit den Goldreserven der Bundesbank oder Fort Knox.

Das Ergebnis ist oft nicht nur überraschend, sondern auch zunächst bedrückend. Oft wissen wir gar nicht, wer oder was Einfluss auf uns hat. Plötzlich wird es klar, warum ich eine bestimmte Person (oder Sache) als Psychovampir erlebe – da sie nämlich großen Einfluss auf mein Selbstwertgefühl hat. Dies ist die Ausgangsbasis für eine positive Veränderung: Ich entscheide bewusst, wem ich meine Selbstwertaktien sozusagen geben möchte und wem nicht. Es ist ja schließlich mein »Unternehmen«, nämlich mein Leben.

Wie kann ich mein Selbstwertgefühl steigern?

Häufig klagen Menschen darüber, dass sie nichts erreicht haben. Alles sei unbedeutend gewesen: »Was habe ich schon gemacht? Das könnte doch jeder tun.« Eine erfolgreiche Technik ist das Erstellen einer Liste bisheriger Leistungen, Errungenschaften, überstandenen Krisen usw. Begonnen wird diese Liste gemeinsam mit dem Therapeuten oder Coach. Zu Hause soll der Klient sie dann selbständig ergänzen und beim nächsten Mal mitbringen. Vielen Menschen fällt es zunächst sehr schwer, eine längere Liste zusammenzustellen, da wir meistens vom offiziellen Lebenslauf ausgehen (Titel, Abschlüsse, Positionen etc). Aber hier sprechen wir vom *emotionalen Lebenslauf,* der sehr persönlich und auch einzigartig ist. Keiner weiß, was ich durchgemacht habe. Wie schwer es mir zum Beispiel fällt, der Kinder zuliebe in der Familie zu bleiben, obwohl mein Partner mir das Leben zur Hölle macht. Im offiziellen, dem rationalen Lebenslauf steht unter der Rubrik Familienstand nur »verheiratet«. Aber im emotionalen steht, wie schwer dies ist, was dies für mich tagtäglich bedeutet usw. Plötzlich merkt man, wie viel man bisher erreicht hat, wie vieles man erträgt, ohne dass andere dies unbedingt wissen. Wir erkennen, dass wir zu vielen

Leistungen fähig sind, und dies erhöht unser Selbstwertgefühl – nachhaltig und anhaltend.

Übung: Erstellen eines emotionalen Lebenslaufs
Erstellen Sie anhand der folgenden Kriterien Ihren emotionalen Lebenslauf, der persönlich ist und den Sie niemandem zeigen müssen:
- gemeisterte Herausforderungen
- überstandene Krisen
- gelöste Konflikte
- »überlebte« Probleme
- Aushalten »unlösbarer« Situationen.

Fallbeispiel 1: Eine 45-jährige Mutter dreier Kinder, deren Ehemann Chefredakteur einer großen amerikanischen Tageszeitung ist, kommt wegen Ängsten und Depressionen in die Sprechstunde. Neben vielen frühkindlichen und aktuellen Problemen geht es auch um das Thema, dass sie nichts tue, während ihr Mann das Geld verdiene etc. Gemeinsam mit dem Therapeuten versucht sie, eine »Erfolgsliste« zu erstellen, wobei der Schlüssel zum Erfolg im Aufschlüsseln der einzelnen Ereignisse liegt. Die drei Kinder werden aufgeschlüsselt in: dreimal schwanger werden (über 25 Prozent aller Ehepaare bleiben heute ungewollt kinderlos, daher ist es schon ein Erfolg, überhaupt schwanger zu werden); drei Schwangerschaften ausgetragen, drei Geburten gut überstanden, Kinderkrankheiten, Kindergarten, Schule etc.

Fallbeispiel 2: Mit einem erfolgreichen 28-jährigen Geschäftsmann mit Schlafstörungen und Versagensängsten wurde ebenfalls eine Liste erstellt, und er empfand es als sehr ermutigend und entlastend, festzustellen, was er bisher erreicht hatte. Ein Beispiel möge dies aufzeigen: In der Therapie sprach er lange über die Tatsache, dass er als junger Mann direkt nach Studienabschluss nach Moskau gekommen war. Er fand das völlig normal, und es kam auf seiner Liste als ein nebensächlicher Punkt vor (»jeder könnte das tun«). Als er dann aber gemeinsam mit dem Therapeuten analysierte, wie viele seiner Studienkollegen dies tatsächlich getan hatten, wie viele Ausländer es in Russland nicht aushalten können und in einigen Fällen bereits nach 48 Stunden (!) das Land für immer wieder verlassen und dass er bereits vier Jahre hier sei, konnte er nicht nur seine Leistungen erkennen und diese anerkennen, sondern sich vom »Himalaja-Phänomen« (vergleiche Kapitel 3: Der Himalaja-Vampir) befreien. Er hatte für seine 28 Jahre Einzigartiges erlebt und erreicht und lernte schließlich auch, auf das Erreichte stolz zu sein.

Psychodynamisch geht es hier neben den Aspekten des Himalaja-Phänomens um die Fähigkeit, Komplimente anzunehmen, sich an persönlichen Erfolgen zu freuen und dies anderen mitzuteilen, sich selbst zu loben, auf sich selbst stolz sein zu können – all das, wovon wir gelernt haben, dass es sich nicht schickt und von Egoismus zeugt.

KAPITEL 6

Therapeutischer Exkurs: Selbsthilfe mit der Positiven Psychotherapie

> Das ist der Weisheit letzter Schluss:
> Nur der verdient sich Freiheit wie das Leben,
> der täglich sie erobern muss.
>
> (Goethe)

In vielen Therapiesitzungen geht es immer wieder um Beziehungsfragen: um die Beziehung zu anderen und die Beziehung zu sich selbst. »Warum mag dieser Mensch mich nicht? Wieso lehnt sie mich ab? Ich bin schon wieder auf meinen Chef reingefallen, und er hat mich mit seinen Bemerkungen fix und fertig gemacht. Meine Frau sagt, ich sei fast genauso anstrengend wie ihr Vater.«

Einige Grundlagen und Techniken der Positiven Psychotherapie können uns helfen, den Einfluss der Psychovampire zu verstehen und uns langfristig vor ihnen zu schützen.

Die von Prof. Dr. Nossrat Peseschkian entwickelte Positive Psychotherapie ist eine humanistische Psychotherapie-Methode auf tiefenpsychologischer Grundlage. Die Positive Psychotherapie kann man in verschiedenen Lebensbereichen anwenden: in der Therapie, Beratung und im Coaching, im

Managementtraining, der Erziehung und Prävention und zur Förderung des interkulturellen Verständnisses. Sie beruht im Wesentlichen auf drei Hauptprinzipien: Hoffnung, Balance und Selbsthilfe. Im Folgenden werden diese kurz erläutert und ihre Bedeutung beim Umgang mit Psychovampiren dargestellt.

HOFFNUNG

Der Begriff des Positiven bezieht sich vor allem darauf, dass die Positive Psychotherapie nicht nur darauf ausgerichtet ist, ein bestimmtes Symptom oder eine Störung zu beseitigen (symptom-orientierte Medizin), sondern es wird zunächst versucht, den Sinn der Krankheit zu erkennen und sie dem Betroffenen transparent zu machen. Positiv bedeutet hier entsprechend seiner ursprünglichen Bedeutung (lat.: positum, positivus) tatsächlich, wirklich. Tatsächlich und wirklich sind somit nicht nur die Probleme und Konflikte, in denen sich eine Person oder eine Familie befinden, sondern auch die Fähigkeit, mit diesen Konflikten umzugehen, aus ihnen zu lernen und dadurch gesund zu werden. Krankheit kann auch als die Fähigkeit bezeichnet werden, so und nicht anders auf eine Situation, auf einen Konflikt zu reagieren. Sie stellt immer einen Selbstheilungsversuch des Menschen dar, der mehr oder weniger erfolgreich ist. Patienten leiden nämlich nicht nur unter ihren Krankheiten und Störungen, sondern auch unter der Hoffnungslosigkeit, die ihnen durch die Diagnose übermittelt wird. Die Positive Psychotherapie ist ein Ressourcen-orientierter Ansatz in der Psychotherapie, der zunächst von den Möglichkeiten des Betroffenen ausgeht und sich erst dann mit der Erkrankung befasst. Ihr Menschenbild umfasst, neben anderen Elementen, die wesentlichen der humanistischen Psychologie wie z. B. die Annahme der Veränderbarkeit des Menschen, denn das therapeutische Handeln wäre sinnlos, wenn es nicht vom Glauben an die Veränderung des Menschen getragen wäre. Die Positive Psychotherapie geht davon aus, dass der Mensch ein aktiver Gestalter seiner eigenen Existenz ist, dass er sich bewusst oder unbewusst an bestimmten Werten ausrichtet, sein Leben mit Sinn zu erfüllen sucht und dass Selbstverwirklichung sich nur in ständigem Austausch mit der sozialen Umwelt vollziehen lässt.

Das »positive Vorgehen« in der Positiven Psychotherapie resultiert aus dem positiven Menschenbild, dem die Aussage zugrunde liegt, dass jeder Mensch – ohne Ausnahme – von Natur aus zwei Grundfähigkeiten besitzt, die Liebes- und die Erkenntnisfähigkeit. Beide Grundfähigkeiten gehören zum Wesen eines jeden Menschen und sind von Geburt an in ihm angelegt. Je nach seiner Umwelt (Erziehung, Bildung und Kultur) und der Zeit, in der er lebt (Zeitgeist), können sich diese Grundfähigkeiten differenzieren und zu einer unverwechselbaren Struktur von Wesenszügen führen, die später den Charakter und die Einzigartigkeit des Menschen ausmachen. Das Konzept von den Grundfähigkeiten bedeutet, dass der Mensch seinem Wesen nach gut ist. »Seinem Wesen nach gut« bedeutet, dass jeder Mensch mit einer Fülle von Fähigkeiten ausgestattet ist, die vergleichbar mit den in einem Samenkorn verborgenen Möglichkeiten entwickelt werden müssen.

Für die Praxis bedeutet dieses positive Menschenbild, dass wir uns selbst und andere zunächst so akzeptieren, wie wir sind, aber auch das sehen, was wir werden können. Das bedeutet, wir nehmen den Betroffenen mit seinen Problemen und Krankheiten als Mensch an, um dann mit seinen noch unbekannten, verborgenen und durch die Krankheit verschütteten Fähigkeiten Beziehung aufzunehmen. Störungen und Erkrankungen werden somit als eine Art Fähigkeit angesehen, auf einen bestimmten Konflikt so und nicht anders zu reagieren. In diesem Sinne werden Krankheitsbilder und Störungen in der Positiven Psychotherapie neu interpretiert.

Einige Krankheitsbilder seien hier beispielhaft angeführt:
- **Depression** ist die Fähigkeit, mit tiefster Emotionalität auf Konflikte zu reagieren.
- **Angst vor Einsamkeit** bedeutet, das Bedürfnis zu haben, mit anderen Menschen zusammen zu sein.
- **Alkoholismus** ist die Fähigkeit, sich selbst diejenige Wärme (und Liebe) zuzuführen, die man von anderen nicht erhält.

Das positive Vorgehen in der Positiven Psychotherapie führt somit zu einer neuen Sichtweise aller Beteiligten – Patient, Familie und Psychotherapeut –, welche die Basis für eine therapeutische Zusammenarbeit darstellt. Sie ermöglicht eine konsequente Auseinandersetzung mit bestehenden Problemen und Konflikten. Dieser Ansatz hilft, sich auf den »wahren« Patienten zu konzentrieren und seine im Verborgenen liegenden und zum großen Teil unbewussten Konflikte »sichtbar« zu machen. Der wahre Patient sitzt nämlich oft zu Hause, und nur der Symptomträger kommt in die Therapie. Dies ist auch ein Grund, weshalb mehr Frauen einen Therapeuten aufsuchen, und hat nichts damit zu tun, dass sie kränker sind als die Männer.

Das Prinzip der Hoffnung hilft, uns auch in schwierigen Situationen auf unseren inneren (Selbst-)Wert zu besinnen, und es gibt uns die Zuversicht, dass eine Änderung möglich ist und ich es schaffen kann, mit der gegenwärtigen Situation fertig zu werden, Und eben gerade diese Hoffnung setzt Kräfte und Energien frei, die für den Kampf mit Psychovampiren so notwendig sind.

BALANCE

Untersuchungen von N. Peseschkian in verschiedenen Kulturen zeigten, dass es vier Lebensbereiche gibt, in die wir unsere Energie investieren können, die uns Selbstwertgefühl

geben und die auch als die »Vier Qualitäten des Lebens« bezeichnet werden können:
- Körper und Gesundheit (Körper)
- Beruf und Leistung (Geist)
- Beziehungen und Kontakte (Herz)
- Zukunft und Sinn (Seele).

Dieses Balance-Modell basiert auf dem ganzheitlichen Menschenbild der Positiven Psychotherapie. Wir sprechen in diesem Zusammenhang von biologisch-körperlichen, rational-intellektuellen, sozio-emotionalen und geistig-spirituellen Sphären und Fähigkeiten des Menschen. Obwohl das Potenzial zu allen vier Fähigkeiten in jedem Menschen angelegt ist, werden durch Umwelt und Sozialisation einige besonders betont und andere vernachlässigt. Jeder Mensch entwickelt seine eigenen Präferenzen, wie er auftretende Konflikte verarbeitet (»Vier Wege der Konfliktverarbeitung«): durch Flucht in körperliche Beschwerden und Krankheiten, durch Flucht in die Arbeit, durch Flucht in die Einsamkeit oder Geselligkeit oder durch Flucht in die Fantasie. Welche Formen der Konfliktverarbeitung bevorzugt werden, hängt zu einem wesentlichen Teil von den Lernerfahrungen ab, vor allem von denen, die man in seiner eigenen Kindheit machen konnte. Nach der Positiven Psychotherapie ist nun nicht derjenige Mensch gesund, der keine Probleme hat, sondern derjenige, der gelernt hat, mit den auftretenden Konflikten angemessen umzugehen. Gesund ist nach dem Balance-Modell derjenige, der versucht, seine Energie gleichmäßig auf alle vier Bereiche zu verteilen. Ein Ziel einer Beratung oder psychotherapeutischen Behandlung ist es, dem Klienten/Patienten zu helfen, seine eigenen Ressourcen zu erkennen und zu mobilisieren, mit dem Ziel, die vier Bereiche in ein dynamisches Gleichgewicht zu bringen. Hierbei wird besonderer Wert auf eine balancierte Energieverteilung (von »25 Prozent« auf jeden Bereich) gelegt und nicht auf eine gleichmäßige Zeitverteilung. Eine länger andauernde Einseitigkeit kann neben anderen Ursachen zu Konflikten und somit zu Krankheiten führen. In diesem Zusammenhang ist es wichtig, festzustellen, dass die Einzigartigkeit des Menschen berücksichtigt werden muss, sodass er das für ihn stimmige individuelle Gleichgewicht im Rahmen der vier Bereiche erlangen kann. Während in individualistischen Kulturen Westeuropas und Nordamerikas vorwiegend die Bereiche körperliche Gesundheit und Sport (Körper) und Beruf (Leistung) eine Rolle spielen, sind es in den kollektivistischen Kulturen des Orients (Naher Osten) vorwiegend die Bereiche Familie, Freunde und Gäste (Kontakte) sowie Fragen nach der Zukunft, dem Sinn des Lebens und weltanschauliche Fragen (Fantasie/Intuition).

Präventiv-Check nach dem Balance-Modell

Das Balance-Modell kann uns auf vielfache Weise helfen, uns in den vier Bereichen Körper, Geist, Herz und Seele zu stärken, damit wir uns besser gegen Psychovampire schützen können.

Nachfolgende Fragen können Sie zur Selbstüberprüfung und -reflexion verwenden, um für sich bewusster zu machen, wie Ihr eigenes Balance-Modell ausschaut und wo Ihre Prioritäten liegen. Hierbei geht es einmal um den Ist-Zustand, aber auch darum, die eigenen Vorlieben zu verstehen. Daher auch einige Fragen zu Ihrer Kindheit.

> **Fragen zum Bereich Körper**
> - Unter welchen körperlichen Beschwerden leiden Sie?
> - Wie viel und was rauchen oder trinken Sie?
> - Achten Sie auf eine ausgewogene Ernährung?
> - Nehmen Sie sich Zeit für Mahlzeiten, für Sport und für Ruhepausen?
> - Wie wichtig sind Ihnen Ihr Körper und Ihr Aussehen? Hören Sie auf Ihren Körper, oder muss er einfach funktionieren?
> - Leiden Sie unter folgenden Funktionsstörungen: Schlafstörungen, Unruhe, Konzentrationsstörungen oder ständige Müdigkeit?
> - Wie reagiert Ihr Körper auf Ärger, Stress, Zeitnot, Konflikte, Sorgen, Kritik, große Freude?
> - Mögen Sie Ihren Körper?
> - Welche Bedeutung hatte und hat Zärtlichkeit und Sexualität in der Beziehung Ihrer Eltern untereinander und zu Ihnen? Und wie ist es heute in Ihrer Partnerschaft?

Fragen zum Bereich Leistung

- Sind Sie mit Ihrem Beruf zufrieden?
- Bietet Ihr Beruf genügend Sicherheit, Einkommen und Anerkennung?
- Wie viele Stunden arbeiten Sie täglich/wöchentlich?
- Fühlen Sie sich überfordert? Befürchten Sie, zu versagen?
- Kommen Sie mit Ihren Kollegen und Ihren Vorgesetzten zurecht?
- Wie reagieren Sie, wenn Ihre Leistung kritisiert wird?
- Fühlen Sie sich auch wohl, wenn Sie nichts zu tun haben?
- Wenn Sie genug Geld hätten, würden Sie dann noch arbeiten?
- Wie wichtig ist Ihnen Ihr Job für Ihr Selbstwertgefühl?
- Welche Tätigkeit würden Sie gerne ausüben?
- Was mussten Sie früher tun, um von Ihren Eltern anerkannt und geliebt zu werden: Gute Noten? Brav sein?

Fragen zum Bereich Kontakt

- Sind Sie mit Ihrer Partnerschaft zufrieden? Wenn nicht, warum?
- Wer von Ihnen ist kontaktfreudiger, Sie oder Ihr Partner?
- Wie viel Zeit verbringen Sie mit Ihrem Partner, Ihrer Familie, mit Freunden?
- Wie ist das Verhältnis zu Ihren Eltern? Gibt es einen Menschen, mit dem Sie über alles sprechen können, auch über die intimsten Probleme?

- Hatten Sie als Kind viele Kontakte, oder waren Sie isoliert?
- Fühlen Sie sich durch Ihre sozialen Bindungen und Verpflichtungen überfordert?
- Nehmen Sie viel Rücksicht darauf, was die anderen Menschen über Sie denken oder sagen könnten?
- Fehlen Ihnen Kontakte und emotionale Wärme?
- Brauchen Sie Menschen um sich herum, oder können Sie auch viel Zeit mit sich selbst verbringen?

Fragen zum Bereich Fantasie und Zukunft

- Womit beschäftigen Sie sich in Ihren Gedanken (z. B. Gesundheit, Beruf, Partnerschaft, Familie)?
- Denken Sie an Sterben und Tod?
- Was, glauben Sie, kommt nach dem Tod auf Sie zu?
- Fragen Sie sich oft, welchen Sinn Ihr Leben hat?
- Nach welcher Weltanschauung oder Religion haben Ihre Eltern gelebt?
- Wofür lohnt es sich zu leben und gesund zu werden?
- Was würden Sie gerne in den nächsten fünf Jahren verwirklichen oder verändern? Was muss sich am dringendsten verändern?
- Was würden Sie tun, wenn Sie keine Probleme mehr hätten?
- Was ist Ihr sehnlichster Wunsch?

Je weniger wir uns in Balance finden, desto eher kann jemand oder etwas uns aus dem Gleichgewicht bringen. So erleben wir einen Psychovampir als viel bedrohlicher, wenn er einen Lebensbereich anspricht, der mir mein gesamtes Selbstwertgefühl gibt. Anders betrachtet: Durch ein inneres und äußeres Gleichgewicht in den vier Bereichen des Balance-Modells kann mir ein Psychovampir nicht sehr zusetzen.

SELBSTHILFE

Im Rahmen von Psychotherapie und Selbsthilfe benutzt die Positive Psychotherapie ein fünfstufiges Verfahren, das sich in die folgenden Stufen gliedert: Beobachtung und Distanzierung, Inventarisierung, situative Ermutigung, Verbalisierung und Zielerweiterung. Diese »Strategie« wird sowohl im Gesamtverlauf einer Therapie als auch während einzelner Sitzungen und als Selbsthilfe-Technik verwendet.

Stufe der Beobachtung und Distanzierung

Das Ziel dieser Stufe des therapeutischen Prozesses ist eine Bestandsaufnahme und Analyse der Situation des Patienten/Klienten. Sie soll ihm helfen, von einer abstrakten Stufe auf eine konkrete, beschreibende zu gelangen. Der Patient legt (möglichst schriftlich) dar, über was oder wen er sich geärgert hat, wen er als Psychovampir erlebt, wann seine Symptome zunehmen und/oder er in Konflikte mit anderen gerät. Auf dieser Stufe beginnt ein Prozess des Unterscheidenlernens. Der Patient beginnt, den Konflikt einzukreisen und inhaltlich zu beschreiben. Durch seine Beobachterfunktion distanziert er sich zunehmend von seiner eigenen Konfliktsituation, und es kommt zu einer Erweiterung der anfänglichen »neurotischen Einengung«. Der Patient wird somit zum Beobachter für sich und seine Umwelt.

Stufe der Inventarisierung

In der therapeutischen Sitzung oder in der Beratung besteht hier die Aufgabe vor allem darin, die Lernvergangenheit abzuklären sowie dem Patienten Hintergründe der Konzepte und Missverständnisse durchschaubar zu machen. Die Situationen, die für den Patienten in der Regel unveränderbar und persönlichkeitsgebunden erscheinen, werden auf ihre lebensgeschichtlichen Voraussetzungen hin relativiert. Anhand eines Inventars der Aktualfähigkeiten (Sozialisationsnormen) stellen wir fest, in welchen Verhaltensbereichen der Patient und sein Konfliktpartner positive bzw. negative Eigenschaften besitzen. Bei den Psychovampiren geht es darum, diese zu entlarven und zu erkennen, auf welchen »Knopf« sie drücken und was dies mit dem Patienten zu tun hat.

Stufe der situativen Ermutigung

Um ein Vertrauensverhältnis zum Konfliktpartner aufzubauen, lernt der Patient, einzelne positiv ausgeprägte Eigenschaften des anderen zu verstärken und auf die damit korrespondierenden eigenen, kritisch ausgeprägten Eigenschaften zu achten. Anstelle der Kritisierung des Konfliktpartners lernt der Patient, diesen zu ermutigen, auf der Basis der Erfahrungen aus der ersten und zweiten Stufe. Gemeinsam mit dem Therapeuten versucht er, einige positive Aspekte beim Psychovampir zu entdecken, und sei es nur, dass er uns hilft, unsere Schwachpunkte zu erkennen.

Stufe der Verbalisierung

Um aus der Sprachlosigkeit oder der Sprachverzerrung des Konflikts herauszukommen, wird schrittweise die Kommunikation mit dem Konfliktpartner nach festgelegten Regeln trainiert. Man spricht nun sowohl über die positiven als auch über die negativen Eigenschaften und Erlebnisse, nachdem in der dritten Stufe ein Vertrauensverhältnis aufgebaut worden ist, das erst die offene Kommunikation ermöglicht. Oft kommt es hierbei erstmals nach Jahren zu einer offenen und konstruktiven Aussprache. Auf dieser Stufe lernt der Patient auch bestimmte Techniken und Regeln der Kommunikation.

Stufe der Zielerweiterung

Diese Stufe begleitet den Patienten von Anfang an. Er muss sich hier mit der Frage beschäftigen: »Was mache ich, wenn ich diese Probleme nicht mehr habe? Was mache ich, wenn ich den Psychovampir losgeworden bin und wieder mehr Energie habe?« Diese Stufe hat auch einen präventiven Charakter, um »Entlastungszustände« nach »erfolgreicher« Therapie zu vermeiden. Der Patient lernt, sich von seinem Therapeuten abzulösen und neue Fähigkeiten zu entwickeln, die er in der Vergangenheit, aus welchen Gründen auch immer, vernachlässigt hat. Es werden Mikro- und Makroziele gemeinsam mit dem Therapeuten entwickelt.

Als ermutigendes Beispiel zur praktischen Umsetzung mit der Positiven Psychotherapie nachfolgend die schriftliche Reflexion einer Patientin zum Abschluss ihrer Therapie:

Die leuchtenden Farben

Einst kam ein graues Chamäleon zum Psychotherapeuten und bat ihn um seine Hilfe.

Der Therapeut fragte: »Wie kam es denn, dass Sie zu einem grauen Chamäleon wurden?« Das Chamäleon erklärte, dass es stets so handle, wie man es von ihm verlange, bzw. so, wie es glaube, dass man es von ihm verlangen würde. Aus diesem Grund stehe es unter sehr großem Druck und hätte außerdem seine Persönlichkeit und seinen Stil verloren.

Das Chamäleon war am Anfang der Therapie grau – es war

Therapeutischer Exkurs: Selbsthilfe mit der Positiven Psychotherapie

traurig, kraftlos, niedergeschlagen und sehr verzweifelt. Es war sehr unglücklich, denn es war im Begriff, sein Heim, seinen Körper und seine Seele und auch die Seele des Fuchses, mit dem es gemeinsam in dem fremden Land wohnte, zu zerstören, ebenso die kostbare Beziehung zu ihm.

Der Therapeut stellte viele Fragen und hörte aufmerksam zu. Geeignete Bemerkungen zum richtigen Zeitpunkt halfen dem Chamäleon zu erkennen, dass in seinem Inneren noch viele andere Farben als das traurige Grau schlummerten. Die Rolle der kleinen Maus sagte dem Chamäleon als Alternative zu. Doch auch diese Rolle brachte nicht alle Fähigkeiten hervor und konnte nicht alle Farben wachrufen, die hilfreich sein würden auf dem Weg zu einer stabilen Partnerschaft mit dem Fuchs und auf dem Weg zu einem erfüllten, glücklichen Privat-, Familien- und Berufsleben.

Es war eine schwierige Zeit und Aufgabe für das Chamäleon, aber auch für seine Umgebung und den wunderbaren Arzt. Der Therapeut veränderte in stiller Übereinkunft im Verlauf der Therapie ebenfalls seine Farben. Um dem müden, grauen Chamäleon zu helfen, musste der Therapeut aggressiv werden. Er griff das Chamäleon an, um es aus der Reserve zu locken. So lernte es, schwarz und total traurig zu sein und, wenn es sich ärgerte, grün zu werden. Der Therapeut unterstützte das lernende Chamäleon stets durch weiterführende Geschichten, Fragen und bewundernswertes, geduldiges Zuhören.

Das Chamäleon begann seine Konzepte zu erkennen und bemühte sich, andere Menschen nicht mehr ungeprüft als Vorbilder zu kopieren. Es erkannte, dass es einzigartig sein und seine eigene konkrete

Farbmischung wählen darf und dass es durch Beobachtung lernen kann und soll. Es verwarf das Ziel, seine Mutter zu kopieren, und lebte ab diesem Zeitpunkt ruhiger. Es wurde authentischer, und es kam die Zeit, da es kein Chamäleon im ursprünglichen Sinne mehr war.

Es ist schwer zu sagen, zu welchem Tier es wurde. In jedem Fall war es aber eine wahrhaftige und stabilere Persönlichkeit geworden. Es konnte mit der Realität umgehen, und es war ab sofort in der Lage, gelb aktiv zu sein, hellblau ruhig abwartend und, während es zuhörte, weiß konzentriert zu sein. Es konnte grün ärgerlich reagieren mit der Fähigkeit, konstruktiv zu kommunizieren. Es konnte rosa empfindsam sein und war nun in der Lage, alle möglichen Farben in unterschiedlicher Intensität zu einem je nach Situation geeigneten Mischton zu vereinen.

Der Therapeut hatte dem ursprünglich grauen Chamäleon durch seine farbenreiche Therapie alle leuchtenden und ruhigen Farben zurückgegeben. Das Chamäleon strahlte vor Glück und Dankbarkeit. Es wollte ... alle Farben und Freuden dieser Welt schenken und hüllte alle mit positiven Gedanken ein ...

KAPITEL 7

Vorbeugende Maßnahmen und Immunisierungstechniken

Ich bin Pessimist für die Gegenwart, aber Optimist für die Zukunft.

(Wilhelm Busch)

Nachdem wir die psychologischen Mechanismen des Psychovampirismus kennen gelernt haben, stellt sich die Frage, wie wir diese Erkenntnisse umsetzen können, um uns nachhaltig vor Energiesaugern zu schützen.

FREMDBESTIMMT VERSUS SELBSTBESTIMMT

Nicht Situationen belasten uns, sondern unsere Einstellung dazu ist entscheidend. Situationen werden von uns immer dann als stressig und anstrengend erlebt, wenn wir (subjektiv) das Gefühl haben, fremdbestimmt zu sein. Fremdbestimmt bedeutet, dass andere mit mir etwas tun, ohne dass ich es selbst möchte. Dieselbe Situation oder Aufgabe wird völlig unterschiedlich erlebt, je nachdem, ob ich es freiwillig tue (selbstbestimmt) oder ob ich es tun muss (fremdbestimmt). Ein gutes Beispiel sind Kinder: Sagen wir ihnen, sie sollen abends ihr Zimmer aufräumen, gibt es Widerstände und vieles mehr. Sagen wir, dass sie fernsehen dürfen, wenn sie vorher ihr Zimmer aufgeräumt haben, rennen sie in ihre Zimmer und lassen sich durch nichts mehr aufhalten. Bei Erwachsenen ist es ebenso, ob zu Hause, am Arbeitsplatz oder am Wochenende.

Beim Psychovampir fühlen wir uns extrem fremdbestimmt: Er oder sie saugt uns Energie ab, hat Einfluss auf unsere Stimmung und kann manchmal unser gesamtes Leben verändern. Wir werden gelebt und leben nicht mehr. Man fühlt sich im »falschen« Film; nur ist dieser Film leider eine Live-Sendung, d.h., es gibt keine Möglichkeit, ihn rückgängig zu machen – es ist der Film unseres Lebens!

Im Sinne des Stressmanagements und Energiemanagements sollten wir alle Situationen, in denen wir uns fremdbestimmt fühlen, aufschreiben und analysieren, warum wir uns so fühlen und was geändert werden kann. Die unten stehende Checkliste hilft, die Gründe Ihrer persönlichen Fremdbestimmtheit zu analysieren. Beantworten Sie bitte folgende Fragen:

a. Wann fühlen Sie sich fremdbestimmt?
1) In welchen Situationen (z.B. morgendlicher Stau etc.)?
2) Bei welchen Personen (z.B. Chef, Partner, Schwiegereltern, Ex-Partner, Kinder)?

3) Bei welchen Aufgaben, die Sie erledigen müssen bzw. die an Sie herangetragen werden (z. B. Auftrag vom Chef oder vom Partner, etwas erledigen zu müssen)?

b. Woran könnte es liegen?
1) Am »Auftraggeber«, weil Sie sich mit ihm nicht verstehen?
2) An der Sache selbst, weil sich etwas geändert hat und Sie nicht mit den Veränderungen einverstanden sind?

c. Sie möchten etwas verändern, aber Sie werden daran gehindert, Ihre Ideen umzusetzen, und müssen einfach ausharren (z. B. in einer langatmigen Konferenz oder Besprechung)?

DIE IMMUNISIERUNG

Nachdem die Vampire entlarvt und analysiert worden sind, ich meine Schwachpunkte mit deren Hilfe erkannt und später hoffentlich auch bearbeitet habe (eine Schwäche, die mir bewusst ist, ist keine Schwäche mehr!), wenden wir uns nun der Immunisierung zu.

Bei der Immunisierung gegen Psychovampire geht es primär darum, sich selbst bzw. die eigene Sichtweise zu verändern. Wenn Ihre Bemühungen keine Wirkungen zeigen sollten, dann müssen Sie wohl Ihre berufliche oder private

Situation ändern. Letztere Option ist speziell in Familiengefügen schwierig oder oft kaum möglich, da das Leben mit zunehmendem Alter komplexer wird. Zudem hängen Situationen von anderen ab – die Einstellung jedoch immer von mir selbst. Folglich liegt es in meiner Hand, eine für mich belastende Situation zu verändern, indem ich zunächst meine eigene Einstellung reflektiere, hinterfrage und zu ändern versuche.

Manchmal kann ich den Vampir einfach loswerden, indem ich z. B. keinen oder einen reduzierten Kontakt zu ihm pflege oder diesen meide, nach dem Motto: »Weshalb soll ich mir das antun?« Wir halten manchmal Beziehungen aufrecht, die wir einfach kappen sollten und könnten.

Gruppen- und Einzelkontakte

Mit einigen Psychovampiren kann man gut umgehen, wenn sie alleine sind. Andere sind besser zu führen, wenn sie in einer Gruppe sind. Einige sind recht schwach, wenn sie alleine sind, und brauchen, wie eine Art Rädelsführer, eine Gruppe. Andere sind alleine kaum auszuhalten.

Die Solotänzer

Stellen Sie sich vor, eine Tante oder Ihre Schwiegermutter gewinnt eine Wochenendreise in den Schwarzwald und will Sie als zweite Person mitnehmen. Sie wissen genau, dass schon die Zugfahrt eine Hölle sein würde, geschweige denn mehrere Tage, da Sie ihr da nicht ausweichen können und ihr ständig zuhören müssen. Auf einer Familienfeier jedoch ist diese Tante durchaus genießbar, da man hier nur kurz ein paar Worte mit ihr wechseln muss und sich dann wieder anderen Personen zuwenden kann.

Heiner P. hatte vor einiger Zeit mit einem Kollegen eine Auslandsreise gemacht, bei der ihm jede Sekunde wie eine Stunde vorkam. Was für eine Tortur. Er beschloss während dieser quälenden Stunden, nie mehr mit dieser Person alleine zu verreisen und solche aussaugenden Situationen zu vermeiden. Und es funktioniert seitdem. Heiner hat regelmäßigen Kontakt mit diesem Kollegen, vermeidet aber jeden längeren Einzelkontakt, und somit funktioniert die Beziehung. Natürlich ist sie nicht geklärt, aber dies ist in diesem Fall weder möglich noch notwendig, solange Heiner den Vampir auf Abstand hält.

Die Horden
Einige Vampire sind in einer Gruppe sehr gefährlich, z. B. bei der Arbeit, bei der sie als negative Stimmungsmacher aktiv sind und diverse Manipulationstechniken anwenden. Häufig zu hörende Vampirsprüche in diesem Zusammenhang sind: »Das haben wir schon immer so gemacht«; »da kann ja jeder kommen«; »seien Sie erst mal so lange wie ich hier, dann verstehen Sie alles besser«; »ja, die Jugend«; etc. Sich mit diesen Leuten in und vor der Gruppe auseinanderzusetzen ist »tödlich«. Da hilft nur, den Ball anzunehmen und

auf ein späteres Einzelgespräch zu verweisen. Dazu das folgende Beispiel:

Während eines Vortrages meldet sich ein junger Mann und sagt dem Referierenden vor allen hundert Zuhörern: »Das, was Sie gerade gesagt haben, kannten wir alle schon. Es war nichts Neues. Ich dachte, Sie erzählen uns etwas, das wir noch nicht wissen.«

Diese Bemerkungen versteht der Referent als offene Provokation, und alle hundert Zuhörer warten natürlich gespannt auf seine Reaktion. Der Psychovampir in der Zuhörergruppe erwartet, dass der Referent direkt vor der Gruppe auf die Provokation eingeht. Denn egal, was der Referent antworten würde – diesen Vampir kann er in der Gruppe nicht »zu Fall bringen«, da die Gruppe ihn bewusst oder, wie in diesem Fall, eher unbewusst schützt. Und genau deswegen nutzt er auch die »Deckung« durch die Gruppe.

Eine gute Antwort zur Ad-hoc-Entwaffnung vor dem Publikum wäre zum Beispiel:

»Vielen Dank für diese Meinung« – und den Störenfried damit einfach auflaufen lassen. Man könnte aber auch sagen: »Vielen Dank. Was meinen denn die anderen?« Oft verteidigen dann andere Zuhörer den Referenten. Aber diese Variante kann länger dauern und eine Eigendynamik entwickeln, die man in dem Moment vielleicht gar nicht möchte. Man kann auch sagen: »Wenn Sie möchten, kommen Sie doch gerne nach meinem Vortrag zu mir, und wir haben Zeit, das zu besprechen.« Die meisten kommen dann gar nicht; und falls ja, dann sind diese Vampire im Alleingang ungefährlich. Idealerweise nimmt man also diese Psychovampire im Einzelgespräch in den »Schwitzkasten«.

> Lernen Sie zu unterscheiden, welche Psychovampire in der Gruppe und welche besser im Einzelkontakt zu führen sind. Denn dieselbe Person kann völlig anders von uns erlebt werden, wenn wir schauen, in welchem Umfeld wir uns ihr aussetzen bzw. ihr begegnen.

Grundsätzlich zu meidende Vampirthemen

Bestimmte Themen sollte man bei bestimmten Psychovampiren tunlichst vermeiden. Es ist wie ein Balance-Akt in hundert Metern Höhe ohne Sicherungsseil: Ein falsches Wort, ein falsches Thema – und Sie sind verloren und dem Psychovampir ausgesetzt.

Meidung der Schwätzer

Einer Mitarbeiterin, die immer viel redet, sollte man nie die »W-Frage« (Wie geht es Ihnen?) stellen, da immer eine dreißigminütige Erläuterung folgen würde.
- Sagen Sie lieber affirmativ: »Schön, dass Sie da sind.«
- Fragen Sie bloß nicht, wie es ihr geht!

Schutz der Emotionen vor möglichen Vampirsituationen

Weniger einfach ist der Umgang mit emotionalen Themen, wie z. B. die Auswirkungen längerer Arbeitslosigkeit, die Phase nach einer Trennung oder Scheidung oder nach einem Trauerfall etc. Wenn Sie in einer solchen schwierigen Situation oder Phase sind und das Ihr sensibler Punkt ist, dann vermeiden Sie das Gespräch mit bestimmten Personen – potenziellen Vampiren –, die Sie mit ziemlicher Sicherheit nach Ihrem Wohlbefinden fragen würden.

Beispiel 1:

Ein 30-jähriger Patient, der seit zwölf Jahren studierte, aber zu keinem Studienabschluss kam, suchte einen Psychotherapeuten auf. Ein Klassentreffen nahte. Der Therapeut riet dem Patienten, sich von diesem Treffen fernzuhalten, da dieser große Angst davor hatte, vor den anderen als Versager dazustehen.

Die ehemaligen Klassenkameraden hätten ihn sicher nach seinem Abschluss gefragt, frei nach der sehr bekannten Werbung: »Mein Haus, mein Job, meine Yacht etc.« Der Patient blieb zu Hause und war mit dem Kompromiss nachträglich sehr zufrieden.

Beispiel 2:

Sie leben in Trennung, und andere wissen dies noch nicht. Auf die Frage »Ist Ihr Mann heute nicht mitgekommen?« sollten Sie eine gute Antwort vorbereitet haben, damit das nichts ahnende Gegenüber, das für Sie in dieser bestimmten Situation einen Vampir darstellen könnte, nicht zu viele Emotionen in Ihnen auslöst. Somit immunisieren Sie sich gegen ungewollte »Attacken«.

> - Identifizieren Sie Ihre sensiblen Themen.
> - Meiden Sie Menschen, die diese situationsgemäß oder auch ständig ansprechen.
> - Meiden Sie Orte, an denen diese Themen angesprochen werden.
> - Bereiten Sie eine gute Standardantwort vor, wenn Sie bereits im Vorfeld wissen, dass die Frage gestellt werden könnte. Dann können Sie ohne große emotionale Beteiligung antworten.

Aussagen von Psychovampiren haben meist einen großen Einfluss auf uns, ohne dass wir überhaupt abgeklärt haben, ob diese Person ein gesundes Urteilsvermögen hat und die Situation emotional und fachlich nachvollziehen kann, also dafür qualifiziert ist (analog zu den Fällen des Experten-Vampirs).

Herr Peter ist Unternehmer und muss einige Mitarbeitende entlassen. Er macht sich viele Gedanken, wie die Entlassenen und andere über ihn reden. So kommen einige Mitarbeitende auf ihn zu und reden ihm ein schlechtes Gewissen ein (»Wieso haben Sie diese Leute entlassen?« etc.). Sein Bruder, der zwar im Unternehmen arbeitet, aber selbst nie

Die Immunisierung

ein Unternehmen gründete, meint, dass er alles anders gemacht hätte. Genau wie im Fallbeispiel Experten-Vampir, Kapitel 3, kann fachlich nur jemand die Frage der Entlassung von Mitarbeitenden beurteilen, der seinerseits Leute führt oder gar ein Unternehmen leitet – und der würde nie einen Kommentar abgeben, da Personalfragen ein permanentes Thema für Unternehmer darstellen.

- Fragen Sie sich bei Kritikern, ob Ihnen deren persönliche Meinung überhaupt wichtig ist, und erforschen Sie Ihre eigene Begründung?
- Fragen Sie sich: »Was sagen bloß die Leute?«
- Können Sie diese Fragen mit einem »Nein« beantworten, dann sollten die Meinungen der anderen unbemerkt an Ihnen abperlen.
- Am gefährlichsten ist, wenn Sie sich verteidigen, sich rechtfertigen oder beginnen, etwas zu erläutern. Denn der andere wird es gar nicht verstehen.

Wenn selbst Worte nicht mehr greifen, dann stellen Sie sich einfach vor, dass Sie dem Psychovampir einen Stempel mit dem Aufdruck »PV« auf die Stirn drücken, immer wenn Sie einen solchen für sich entlarvt haben. So treffen Sie zwar vielleicht auch weiterhin täglich auf diese Person, aber stellen sich den PV-Aufdruck oder eine Kappe mit PV-Zeichen vor und gehen innerlich auf eine aktive Verteidigungsposition und können nicht mehr so leicht angegriffen werden.

GRUNDIMMUNISIERUNG DURCH ENERGIEVERTEILUNG

Ein grundsätzlicher Basisschutz, im Sinne einer Grundimmunisierung, ist eine balancierte Energieverteilung, d. h. ein Gleichgewicht zwischen Wunsch und Realität. Das Modell der Energieverteilung nach Nossrat Peseschkian, das im vorangegangenen Kapitel ausführlich erläutert worden ist, geht von der Notwendigkeit eines Gleichgewichtes der Energieverteilung auf die vier Hauptlebensbereiche »Körper – Arbeit – Beziehungen – Sinn« aus. Es gibt zahlreiche Anwendungs- und Variationsmöglichkeiten dieses Konzeptes. Nachfolgend sollen drei Techniken aus der Therapie kurz beschrieben werden, die sich auf dem Niveau Energie, Zeit und Wunsch bewegen:

1. Energie: Der Klient wird gebeten, seine heutige Energieverteilung auf die vier Bereiche, wie auf Seite 137 beschrieben, schematisch aufzuzeichnen. Die einzige Vorgabe ist, dass er insgesamt auf nicht mehr als 100 Prozent Lebensenergie kommen darf. Hier geht es um die rein subjektive Selbsteinschätzung des Klienten.
2. Zeit: Der Klient soll seine Zeitverteilung auf die vier Bereiche angeben. Wie viel Zeit investiert er täglich in jeden der einzelnen Bereiche? Auch hier geht es wiederum um die subjektive Selbsteinschätzung.
3. Wunsch: Wie sollte mein Leben aussehen? Wie viel an

Energie würde ich gerne in jeden der vier Bereiche investieren, wenn ich dies entscheiden könnte?

Mögliche Interpretation: Im »Idealfall« sind alle drei Modelle identisch, d. h., ich lebe heute, wie ich es mir wünsche; und in Bereiche, die viel Zeit benötigen, fließt ein entsprechender Anteil an Energie. Oft genug ist dies aber nicht der Fall. Vor allem findet sich ein großer Unterschied zwischen Energieaufwand und Zeitverteilung. Dies kann als Anzeichen gedeutet werden, dass ein Problem oder Konflikt in dem Lebensbereich existiert, in dem viel Energie, aber wenig Zeit investiert werden. Dies ist fast immer bei Beziehungsproblemen der Fall: Eine Stunde zu Hause kostet so viel Energie und Kraft wie ein ganzer Arbeitstag.

Da Psychovampire fast ausschließlich unser Selbstwertgefühl angreifen, können wir uns mit diesen drei Techniken als vorbeugende Maßnahmen recht gut gegen Angriffe schützen.

KAPITEL 8

Umgang mit Vampir-Notfallsituationen

*Wenn du das Leben verstehen willst,
hör auf zu glauben, was die Leute sagen und
schreiben.
Beobachte lieber dich selbst, und mach dir
deine eigenen Gedanken.*
(A. P. Tschechow, 1860–1904,
russischer Dichter)

Es liegt in der Natur der Psychovampire, dass sie meist uneingeladen und vor allem unerwartet zu uns kommen – meistens so, dass wir uns nicht wehren oder flüchten können. Wir haben diesen Mechanismus bereits erwähnt; es geht um die Schwierigkeit, Nein zu sagen, und somit um die Angst, jemanden zu enttäuschen. Besonders in Situationen, in denen sehr schnell eine Entscheidung gefällt werden muss und es sozusagen keine Bedenkzeit gibt, gerät man rasch in die Fänge eines Psychovampirs. Nachfolgend einige Gedanken und Tipps für akute Fälle von Psychovampirismus.

ÜBERFALL AM TELEFON

Wer kennt das nicht? Es klingelt. Sie gehen nichts ahnend ans Telefon und müssen sich rasch entscheiden: Die Verwandten wollen gleich vorbeikommen, obwohl es Ihnen überhaupt nicht passt; der Kollege möchte rasch in Ihr Büro kommen, um etwas zu klären; ein Freund möchte Sie zu einer Party mitnehmen, zu der Sie auf keinen Fall gehen möchten. Die Erfahrung zeigt, dass jemand, der sich als Opfer fühlt, es kaum fertig bringt, sofort Nein zu sagen und Grenzen zu setzen. Man kann (und muss) das lernen, es ist aber schwierig und langwierig. In einem solchen »akuten Vampirnotfall« hilft zunächst nur eines: Zeit gewinnen. Nehmen Sie sich fest vor, bei überfallartigen Telefonaten zunächst einmal Zeit zu gewinnen. Zum Beispiel mit dem Spruch: »Kann ich Sie in fünf Minuten zurückrufen? Ich muss in meinem Kalender schauen und habe ihn gerade nicht hier.« Oder: »Ich muss meinen Partner fragen, was er vorhat. Unter welcher Nummer kann ich Sie in ein paar Minuten zurückrufen?« Diese Verzögerungstaktik ist eine einfache, aber sehr wirksame Strategie. Hat man den Hörer aufgelegt, kann man sich erst einmal klar darüber werden, ob man die Anfrage annehmen möchte oder nicht. Bei diesen Notfällen sollte man manchmal auch zu kleinen Notlügen greifen, um Zeit zu gewinnen und um sich eine Antwort zu überlegen.

Umgang mit Vampir-Notfallsituationen

AD-HOC-ANGRIFFE

Das unerwartete Angriffsmoment ist eine typische Technik des Psychovampirs, was sich so unterschiedlich wie in diesen vier Beispielen zeigen kann:

Beispiel 1:
Auf einer Betriebsfeier setzt sich der Chef zu Ihnen und bittet Sie um Unterstützung beim anstehenden Projekt in den nächsten Tagen: »Müller, kommen Sie doch am Montag früh gleich in mein Büro, damit wir das besprechen können.«

Beispiel 2:
Die Schwiegermutter ruft an und klagt, dass sie ganz alleine sei und keiner sie möge: »Ich weiß, ihr habt alle viel zu tun, und meine Probleme sind ja nicht so wichtig. Vielleicht wäre es besser, wenn ich gar nicht mehr auf der Welt wäre. Es wird mich sowieso niemand vermissen.«

Beispiel 3:
Susanne wird von ihrem Partner vor allen Gästen mit einem blöden Witz schlecht hingestellt: »Susanne, lach doch mal, du schaust so ernst. Denkst du wieder an die Arbeit?«

Beispiel 4:
Die Eltern sagen zu ihrem Teenagerjungen, der mit seinen Freunden abends ausgehen möchte: »Wir halten überhaupt

nichts davon, dass du mit Sven und seinen Freunden heute Abend ausgehst. Dies ist kein Umgang für dich. Du kannst ja gehen, wenn du unbedingt möchtest, aber wir finden dies nicht gut. Du wirst schon sehen.«

Aufgrund der Komplexität und der Vielfalt der Psychovampire gibt es bei Ad-hoc-Angriffen keinen Königsweg zum Selbstschutz, sondern nur individuelle Strategien.

TIPPS FÜR NOTFÄLLE

> Tipp Nr. 1: Im Zweifelsfall Nein sagen. Dies ist in vampirischen Situationen fast immer hilfreich.

Beispiel 1:
Sie sind im Geschäft und möchten sich einen neuen Laptop kaufen. Der Verkäufer hat gerade ein besonderes Schnäppchen auf Lager und versucht Sie davon zu überzeugen. Nach fünfzehn Minuten hat er Sie so weit. Sie kaufen den Laptop, aber bereits an der Kasse haben Sie das Gefühl, dass Sie eigentlich einen anderen kaufen wollten. Kennen Sie diese Situation? Die Erfahrung zeigt, dass es in Zweifelsfällen am besten ist, Nein zu sagen. Lieber nochmal in die Stadt fahren, lieber jemanden erneut anrufen, lieber sich später entschuldigen – alles ist besser, als gleich Ja zu sagen und sich später zu ärgern, wenn man es ausbaden muss.

Umgang mit Vampir-Notfallsituationen

> Es gibt selten Situationen im Leben, in denen man sich im Nachhinein ärgert, dass man nicht zugegriffen hat – aber unzählige, in denen man später sehr bereut, dass man gegen die innere Stimme Ja gesagt hat.

Beispiel 2:
Marina (35 Jahre, Sekretärin) erinnert sich an ihren großen Moment im Standesamt: »Als ich vor fünfzehn Jahren auf dem Standesamt war und der Beamte mich fragte, ob ich diesen Mann heiraten möchte, wollte ich eigentlich Nein sagen.

> Paradoxerweise nehmen wir uns für relativ unwichtige Dinge meistens viel Zeit – wie beim Handtaschen- oder PC-Kauf. Aber für die lebensentscheidenden Dinge wie Partner- oder Berufswahl denken wir oft verhältnismäßig wenig nach, da der soziale Druck und die Erwartungen der anderen uns die Entscheidungen aufdrängen.

Mein Herz hat so laut geschlagen, dass ich Angst hatte, die anderen würden es hören. Aber dann sagte ich zu mir, ich kann jetzt nicht Nein sagen. Was sagen denn die anderen dazu? Außerdem hat mir mein Verlobter leidgetan, die Verwandten, die voller Erwartung hinter uns standen, und alle geladenen Gäste. Man konnte sie doch nicht einfach ausladen. Also habe ich Ja gesagt. Aber die Eheprobleme fingen recht bald nach der Heirat an, sodass ich mich vor einem Jahr mit zwei kleinen Kindern habe scheiden lassen. Hätte ich doch bloß damals Nein gesagt.«

> Tipp Nr. 2: Überprüfen Sie, auf welchen Knopf der Psychovampir gedrückt hat.

Eine kurze Bedenk- und Reflexionszeit reicht oft aus, um sich klar darüber zu werden, warum mein Gegenüber mich wieder erwischt hat. Fragen Sie sich Folgendes:
- Auf welchen Knopf hat der Vampir gedrückt?
- Welchen Schwachpunkt hat er/sie in mir identifiziert?
- Hat er an mein niedriges Selbstwertgefühl appelliert?
- Hat er mein Aussehen kritisiert, worunter ich selbst leide, da ich einige Kilo zugenommen habe?
- Hat er alte Wunden reaktiviert?
- Ist er mit der Mitleidsschiene gekommen?

> Tipp Nr. 3: Bewaffnen Sie sich mit Worten.

Wie bereits unter »Meidung der Schwätzer« (siehe Seite 154) erwähnt, sind affirmative Bemerkungen ein sicherer Weg der Prophylaxe.

Da es immer wieder die gleichen sensiblen Punkte sind, die uns verwundbar machen, können wir uns im Vorfeld Antworten oder Entgegnungen überlegen, um dann in Notfällen nicht unvorbereitet reagieren zu müssen. Mit pro-aktiven Bemerkungen behalten wir die Oberhand, und die Attacke geht nicht so tief. Dazu ein Beispiel:

Wenn eine erfolgreiche Managerin immer wieder zu hören bekommt: »Typisch Frau«, und sie regt sich über die Bemerkung auf, dann kann sie dies für sich analysieren und sich – auch wenn sie es für sich noch nicht ganz bearbeitet haben sollte – eine gute pro-aktive Antwort überlegen, wie z. B.: »Vielleicht haben Sie einen Mann hier an meiner Stelle erwartet, und ich muss Sie leider enttäuschen. Aber ich bin sicher, dass wir heute eine sehr positive Zusammenarbeit haben werden.«

Antworten und Reagieren mit Sprichwörtern, Sprüchen oder Weisheiten gehören ebenfalls zur Kategorie »affirmative Bemerkungen«. Damit führt man pro-aktiv und nimmt den Lauf der Begegnung in die eigene Hand. Und zwischen beiden Personen steht nicht Aussage gegen Aussage, sondern der Spruch wird zu einer Art Mittler, manchmal auch zum Puffer.

Zwei Beispiele von Vortragssituationen:

A) Sie sind gerade mitten in einer Präsentation, und eine Person kommt zu spät, kämpft sich durch die Stuhlreihen und bringt sehr viel Unruhe in den Raum. Da die ganze Aufmerksamkeit Ihrer Zuhörer sowieso dem Störenfried gilt, warum dies nicht gleich pro-aktiv nutzen, z. B.

mit dem Spruch: »*Sie sind nicht zu spät. Wir haben zu früh angefangen.*«

> Der Direktangriff ist die beste Verteidigung. Entweder Sie führen pro-aktiv, oder Sie werden reaktiv geführt. Und: Wer fragt, führt!

B) Sie halten einen Vortrag, und nach etwa einer Stunde verlassen einige den Raum. In den meisten Fällen verlässt Sie dann auch Ihr Selbstwertgefühl. Denn Sie vergessen fälschlicherweise vollkommen die anderen 90 Prozent der Personen, die Ihnen weiterhin zuhören wollen. Stattdessen zermartern Sie sich innerlich mit den Fragen: »War mein Vortrag langweilig? Hat es ihnen nicht gefallen? Warum sind sie hinausgegangen?« Sie merken, dass eine gewisse Unruhe im Raum entstanden ist und eine Pause angebracht wäre, auch wenn sie nicht eingeplant war. Warum machen Sie nicht folgenden Vorschlag: »Wir wissen alle, dass die Work-Life-Balance immer wichtiger wird. Und nachdem Sie alle so aufmerksam zugehört haben, was halten Sie von einer kurzen Pause? *Möchten Sie lieber eine orientalische oder eine westliche Pause?* Kennen Sie den Unterschied?« Dann erläutern Sie kurz, dass im Westen fünf Minuten wirklich fünf Minuten sind, in südländischen Gebieten aber eher zehn bis fünfzehn Minuten. »Was für eine Pause ist Ihnen jetzt lieber?« Somit geben Sie die Verantwortung an das Publikum ab, und Sie

Umgang mit Vampir-Notfallsituationen

erfahren, ob das Bedürfnis nach einer Pause bei der Mehrheit existiert oder ob die Person, die den Raum verlassen hat, ein Einzelfall war. Nach dem Motto: »Wer fragt, führt.«

Sprüche eignen sich besonders gut als Gegenangriff auf geschmacklose Bemerkungen.

Tina ist 39 Jahre alt und heiratet (endlich). Fast alle Menschen in ihrem Umkreis haben nicht mehr damit gerechnet. Auf der Hochzeit kommen immer wieder Bekannte und entfernte Verwandte auf sie zu und bemerken: »Na, endlich hast du jemanden gefunden. Wir hatten schon die Hoffnung aufgegeben.« Soll sie nun jedem ihre Lebensgeschichte erzählen? Wenn man von einem ganzen Rudel von Psychovampiren umgeben ist, hilft oft nur die Flucht nach vorn, z. B. hier mit dem chinesischen Sprichwort: »Der Lehrer kommt dann, wenn der Schüler bereit ist. – Jetzt könnt ihr euch überlegen, wer von uns, mein Mann oder ich, der Schüler und wer der Lehrer ist.« Bis die Vampire dieses Sprichwort verstanden und auf die Situation übertragen haben, ist Tina bereits weitergezogen. Sie lässt die Horde im Regen stehen.

> Tipp für die Notbremse: Wenn alles nicht hilft – werden Sie bewusst zum Psychovampir für Ihr Gegenüber und schlagen Sie ihn mit seinen eigenen Waffen. Sie wissen ja jetzt, wie man einen Menschen aussaugen kann, wie man ihn so hinbekommt, dass er tut, was man möchte.

KAPITEL 9

Selbstanalyse: Der Psychovampir-Test

*Für viele Menschen ist es leichter zu leiden,
als etwas zu ändern.*

Volksweisheit

BIN ICH VAMPIRGEFÄHRDET?

Wir wissen nun, dass Psychovampire unberechenbar und »immer und überall« sein können. Es ist also ratsam, uns vorbeugend zu fragen und für uns abzuklären, inwieweit wir vampirgefährdet sind bzw. ob wir ein typisches oder weniger typisches oder auch nur ein zeitweiliges Opfer sind oder »Signale« aussenden, die Vampire empfangen.

Hören Sie sich selbst manchmal fragen:
»Warum kommen diese Vampire gerade zu mir? Es gibt doch so viele andere Menschen.«
»Warum ziehe ich schwirige Menschen an?«
»Alle Männer (oder Frauen), die ich kennen lerne, haben Probleme oder sind bereits vergeben.«
»Warum habe ich immer so schwierige Chefs?«

»Was mache ich falsch, dass mir dies immer passiert?«
»Ich werde vom Pech verfolgt.« »Die saugen immer *mich* aus.« »Die hängen wie Kletten an mir.«
»Ich fühle mich wie ein Papierkorb. Alle laden ihren Müll bei mir ab.«

Wenn Sie solche Aussagen kennen, dann sind Sie ein potenzielles Opfer bzw. vampirgefährdet! Denn wenn diese Fragen in Ihrem Hinterkopf kreisen, dann senden Sie gewisse Signale aus, die eine Grundhaltung in der Akzeptanz der Opferrolle widerspiegeln.

Das Ganze geschieht unbewusst. Zur Analyse müssen Sie sich diese Signale ins Bewusstsein rufen, um den Weg aus der Opferrolle zu finden.

Welche Signale sende ich? Oder: Wann bin ich anfällig für Psychovampire?

Versuchen Sie, die folgenden Fragen ehrlich zu beantworten:

	Fragen	gering	mittel/manchmal	ja/sehr häufig/stark
1	Wie bewerte ich mein Selbstwertgefühl?			
2	Plagen mich manchmal Selbstzweifel?			
3	Habe ich Schwächen, die mir bislang unbekannt waren?			

Bin ich vampirgefährdet?

	Fragen	gering	mittel/manchmal	ja/sehr häufig/stark
4	Machen Leute oft Bemerkungen, die mich an einem Schwachpunkt treffen?			
5	Bin ich ein sensibler und feinfühliger Mensch, dem es nicht egal ist, was andere Menschen sagen und tun?			
6	Wie wichtig sind mir die Meinungen anderer?			
7	Wie leicht lasse ich mich von anderen beeinflussen?			
8	Passe ich leicht meine Meinung an die anderer an?			
9	Befinde ich mich emotional in einer schwierigen, instabilen Lage (wie Trennung etc.)?			
10	Erlebe ich andere schneller als Energiesauger, wenn ich eine stressige Zeit durchlebe?			
11	Fühle ich mich mit meinem Leben eher unzufrieden?			
12	Mache ich mir oft etwas vor, und andere bekommen es heraus?			
13	Glaube ich manchmal, Dinge hinter mich gebracht zu haben, die noch längst nicht überwunden sind?			

Insbesondere diejenigen Fragen, die Sie mit »ja/sehr häufig/stark« beantwortet haben, sollten Sie zuerst untersuchen.

Analyse-Beispiel A:
Sie haben Frage 8 mit »sehr« beantwortet.

Wahrscheinlich lassen Sie sich von anderen überdurchschnittlich leicht beeinflussen, d.h., Sie neigen zu Fremdbestimmung und sind damit ein »leichtes Fressen« für Psychovampire wie beispielsweise den Fallstrick-Vampir. Nun stellen Sie sich bitte die Frage, ob es Ihnen etwas ausmacht, dass andere über Sie bestimmen. Wenn ja, müssen Sie an sich arbeiten.

Analyse-Beispiel B:
Sie haben Frage 2 mit »sehr« beantwortet.
Es kann sein, dass Sie für andere mit Ihren Selbstzweifeln einen »Ja-aber«-Vampir darstellen (siehe Kapitel 3).

Gleichzeitig sind Sie ein potenzielles Opfer aller Vampirtypen.

Nachfolgend einige Anregungen im Sinne einer Selbstanleitung, um einen Anfang zu machen, der zur langsamen, aber nachhaltigen »Immunisierung« gegen Vampire führen sollte.

- Gehen Sie dem Grundkonflikt in Ihrem frühen Leben nach und schauen Sie die psychologischen Mechanismen in Kapitel 5 nochmals durch.
- Reflektieren Sie über die Frage, ob Sie die elterliche Liebe als bedingungslos oder bedingt erlebt haben.
- Klären Sie für sich, ob Sie glauben, eher fremdbestimmt oder selbstbestimmt zu leben.

- Listen Sie aus Ihrer persönlichen Vergangenheit Beispiele auf, in denen Sie sich ausgelaugt gefühlt haben, und überlegen Sie sich, wie Sie in Zukunft besser in solchen Situationen handeln wollen.

BIN ICH FÜR ANDERE EIN PSYCHOVAMPIR?

Wer von Vampiren gebissen wird – so die Sagen aus Transsilvanien –, wird selbst zum Vampir! Auch wenn dieses Prinzip einer Sage entstammt – es lässt sich mühelos auf unser Leben übertragen: Beispielsweise wollen viele Menschen um nichts in der Welt so werden wie ihre Eltern. In den wenigsten Fällen gelingt ihnen aber eine tatsächliche Abkopplung ihres eigenen Wesens vom Elternhaus, denn die meisten bleiben in der Kritisierung und Verurteilung haften, ohne sich eingehend und vor allem ehrlich mit den eigenen Verhaltensweisen zu befassen. Es gilt jedoch, die eigene Definition zu finden, die das individuelle Selbstwertgefühl positiv gestaltet. Die sogenannte »Immunität« kann also erst auf der Basis einer eingehenden Selbstreflexion entstehen.

Übung:
Stellen Sie sich vor, Ihr Partner, Ihre Familie, Ihre Verwandten, Bekannten, Ihre Kollegen, Mitarbeitenden und Ihre Vorgesetzten würden gebeten, ihre persönlichen Psychovampire aufzuzählen. Würden Sie vielleicht auf deren Liste erschei-

nen – und falls ja, wie würden Sie bezeichnet werden? Vampirtypen gibt es ja genug, wie wir gesehen haben. Könnte es sein, dass Sie vielleicht als energieraubend erlebt werden? Wenn Sie darüber reflektieren, wen oder was Sie als anstrengend und energieverbrauchend ansehen, dann müsste es relativ einfach sein, herauszufinden, ob andere ihrerseits auch Sie so erleben.

Einige Beispiele von Menschen, die als Psychovampire erlebt werden und es nie für möglich gehalten hätten:
- Die Mutter, die immer für die Kinder Zeit hat und immer präsent ist, aber die Kinder nie mit dem Vater für ein Wochenende alleine lässt (nach dem Motto: »Verhungert Ihr auch nicht, wenn ich nicht da bin?«), wird als Psychovampir erlebt. Es könnte ja sein, dass der Vater auch mal mit den Kindern einige Tage alleine gestalten möchte, und wenn es mit Spaghetti, McDonald's etc. ist.
- Der Mitarbeiter, der immer alles sofort erledigt, dessen Schreibtisch immer aufgeräumt ist, dessen E-Mail-Postfach immer erledigt ist usw., wird von den Kolleginnen und Kollegen als sehr anstrengend erlebt.
- Der Bekannte, dem es (anscheinend) immer gut geht, der keine Probleme zu haben scheint und immer lächelt, wird von anderen auf Dauer als sehr anstrengend erlebt.
- Der Vorgesetzte, der jeden Tag frühmorgens als Erster im Büro ist und am Abend als Letzter geht, wird von seinen Mitarbeitern als Psychovampir erlebt. Jeder, der später kommt bzw. früher geht, hat ein schlechtes Gewis-

sen bzw. macht es sich selbst. Dass der Chef vielleicht ein Workaholic ist, sich hat scheiden lassen und sich nur noch auf seinen Beruf konzentriert, spielt erst einmal keine Rolle.
- Die Hausfrau, die sich oft überfordert fühlt, sodass es deshalb manchmal auch zu Vorwürfen dem Ehemann gegenüber kommt (»Du kannst dich verwirklichen, und ich muss Windeln wechseln«), wird vom Partner als Psychovampir erlebt.
- Der Mann, der zwanzig Jahre lang jeden Tag auf die Frage, wie denn sein Tag gewesen sei, nur entgegnet: »Frag bloß nicht. Schrecklich, wie immer«; oder die Frau, die jeden Abend nur über die Kinder, Elternabende, Nachbarn etc. redet – diese Personen werden vom jeweiligen Partner als Psychovampire erlebt.

Um sich selbst zu analysieren, ist es notwendig, sich der *Selbst- und Fremdwahrnehmung* bewusst zu werden. Eine äußerst wichtige, aber auch sehr komplexe und schwierige Reflexion ist hierfür notwendig. Die Frage ist, wie ich mich selbst sehe und was ich in anderen auslöse: Sympathie, Antisympathie, Erotik, Desinteresse, Interesse etc.

Folgende Übungen haben sich hierbei in der Praxis bewährt:
1) Was lösen Sie Ihres Erachtens in anderen Menschen beim ersten Kontakt aus? Stellen Sie sich vor, Sie betreten einen Raum, in dem eine Gruppe von Menschen einem

Vortragenden zuhört. Sie sind zu spät und müssen sich durch die Sitzreihen vorarbeiten, alle sehen und hören Sie. Was lösen Sie als Person aus (unabhängig davon, dass Sie zu spät kommen)?

2) Was lösen Sie Ihres Erachtens in Menschen aus, die Sie bereits kennen, d.h. bei Freunden, Verwandten und Kollegen? Freuen sich andere, wenn Sie da sind, oder erträgt man Sie aus Höflichkeit? Fühlen sich diese Menschen in Ihrer Gegenwart wohl, emotional sicher, aufgehoben oder eher nicht? Öffnen sich andere Menschen in Ihrer Gegenwart und erzählen sie Ihnen auch unaufgefordert von ihren Problemen? Oder eher nicht?

Nun gibt es im Grunde nur eine Möglichkeit, die eigene Wahrnehmung zu schärfen – ehrliches Feedback von jemandem, der dazu in der Lage ist, d.h. ein gesundes Urteilsvermögen hat. Wie wir bereits besprochen haben, gibt es sehr wenige Menschen, die uns ein ehrliches Feedback geben, und noch weniger, die ein gesundes Urteilsvermögen haben, um so etwas zu tun. Wenn Sie im Laufe Ihres Lebens diesen wenigen Menschen begegnen, hüten Sie diese wie einen Schatz, denn für unsere persönliche Fortentwicklung benötigen wir solche Menschen.

Gehen wir nun davon aus, dass Sie einem solchen Exemplar begegnet sind. Fragen Sie diese Person, wie sie Sie wahrnimmt. Was lösen Sie in ihr aus, wenn Sie einen Raum betreten? Ein plastisches Beispiel soll dies erläutern:

Lutz (43 Jahre, Bankangestellter) ist Mitglied im gewählten Vorstand eines Vereins, der sich einmal im Monat zur Vorstandssitzung trifft. Lutz, einer von neun Mitgliedern, dominiert die Beratung, indem er sich ständig zu Wort meldet, zu allem einen meist negativen Kommentar abgibt, diverse Manipulationstechniken anwendet und die Beratungen unnötig verlängert. Die anderen Mitglieder, alle sind ehrenamtlich im Vorstand tätig, sind dieser Beratungen müde geworden und haben oft gar keine Lust mehr, an den Sitzungen teilzunehmen. Jeder hat schon mit jedem über Lutz gesprochen, nur mit Lutz selbst wurde nie ein klärendes Gespräch gesucht. Es traut sich keiner, ihn damit zu konfrontieren. Ein Psychotherapeut wird »zufällig« Mitglied in diesem Verein und spricht diese Problematik bereits in der Pause der ersten Sitzung an. Es wird rasch deutlich, dass alle anderen Mitglieder darunter leiden, aber keiner sich traut, Lutz eine offene Rückmeldung zu geben. Bei der nächsten Sitzung ist Lutz aus beruflichen Gründen abwesend, was ihm sehr leidtut, da er sonst keine Sitzung auslässt – man könnte ja was gegen seinen Willen beschließen. Die Sitzung ohne ihn ist extrem produktiv, läuft in einer sehr harmonischen Atmosphäre ab, und alle gehen begeistert und hoch motiviert nach Hause. Als Lutz bei der nächsten Sitzung wieder anwesend ist, wird bereits nach einer halben Stunde allen klar, dass er der Störenfried ist, denn wieder ist die Atmosphäre extrem angespannt, zeitweise aggressiv, viele ziehen sich zurück und malen auf ihren Schreibblöcken herum.

Nun kommt der Punkt, dass Lutz ein ehrliches Feedback benötigt – und er bekommt es auch. Einer nach dem anderen – den Anfang musste eine bestimmte Person machen – gibt Lutz die Rückmeldung: »Als du letzte Woche nicht anwesend warst, hatten wir eine sehr harmonische Sitzung. Aber kaum bist du wieder da, ist die Stimmung gekippt. Es liegt an dir. Wir möchten mit dir nicht mehr so weiterarbeiten. Entweder du passt dich an, oder du fliegst aus dem Vorstand.« Lutz ist völlig überrascht und zum ersten Mal sprachlos. Um die Sache abzukürzen: An der nächsten Sitzung ist er wie verwandelt. Natürlich kommt es ab und zu wieder zu »Rückfällen«, aber nie mehr so wie zuvor. Interessante Anmerkung am Rande: Es bestand zu keinem Zeitpunkt für die anderen Vorstandsmitglieder die Möglichkeit, Lutz aus dem Vorstand zu werfen, da nur die Mitgliederversammlung die Vorstandsmitglieder entlassen kann. Aber der Gruppendruck (»pass dich an, oder du bist nicht mehr Teil unserer Gruppe«) hat seine Wirkung gezeigt. Erstmals hat Lutz eine Rückmeldung erhalten, wie er in der Fremdwahrnehmung erlebt wird. Seine Frau konnte ihm in all den Jahren aus verständlichen Gründen diese Rückmeldung nicht geben. Und als Unternehmer hat er sich der Möglichkeit beraubt, Rückmeldungen von Mitarbeitern zu bekommen – zumindest theoretisch, denn welcher Chef hat schon so viel Selbstvertrauen, dass er die Rückmeldung seiner Mitarbeitenden einfordert, diese sogar dazu ermutigt?

Wenn Sie erkannt haben, dass Sie selbst ein Psychovampir sind, dann ist schon sehr vieles gewonnen. Fragen Sie Ihr Gegenüber, ob Ihre Selbstwahrnehmung, dass Sie manchmal etwas anstrengend sein können (das Wort »Psychovampir« sollten Sie lieber nicht benutzen), auch mit der Fremdwahrnehmung Ihres Gegenübers übereinstimmt. Sie können dann gemeinsam besprechen, was zu tun ist, und Sie werden sicherlich genauer über Ihr eigenes Tun reflektieren und somit kaum mehr als Psychovampir erlebt werden.

> Welcher Chef hat schon so viel Selbstvertrauen, dass er die Rückmeldung seiner Mitarbeitenden einfordert, diese sogar dazu ermutigt?

Reflektieren Sie auch darüber, ob Sie manchmal andere niedermachen, damit Ihr Selbstwertgefühl steigt. Wie steht es um Ihr Selbstwertgefühl? Brauchen Sie viel Bestätigung von außen, und üben Sie daher manchmal Druck auf andere aus?

Was nun?

Es gibt keinen Fahrstuhl zum Glück.
Man muss die Treppe nehmen.
                    Lebensweisheit

Sie haben vermutlich das Phänomen erkannt, sind sich bewusster geworden über ein paar Situationen in Ihrem Leben und fühlen sich etwas entlastet. Sie haben auch Inspirationen für zukünftige Verhaltensweisen bekommen. Vielleicht werden Sie nun sogar Dinge in Ihrem Leben verändern – Ihre Stärken, die auf andere vampirisch wirken, abschwächen und an Ihren Schwächen arbeiten.

Glauben Sie nicht, dass die Autoren dieses Buches selbst keine Psychovampire sind oder dass sie immun sind gegen Psychovampire. Einer von ihnen hat sich während der Entstehung des Buches dabei ertappt, manchmal für andere ein Himalaja-Vampir zu sein, während er selbst in einer Familie von Denkmalpflege-Vampiren erzogen wurde. Macht das diese Person zu einem ungenießbaren Menschen? Für manche schon, an anderen geht dieser Vampir spurlos vorbei. Es scheint aber plötzlich verständlich oder sogar logisch, dass ein Mensch, der keine Grenzen in seinem Schaffen zieht und maßlos viel von seinen Mitmenschen verlangt, äußerst allergisch auf Denkmalpfleger reagiert, denn Denkmalpfleger sind aus seiner Sicht Bremser. Und es scheint beinahe klar, weshalb dieser Hochgebirgsvampir überhaupt einer geworden ist – er wurde es aus Trotz, als Gegenreaktion auf die familiären Denkmalpfleger, die in seinen Augen mit angezogener Handbremse durchs Leben gehen.

Sollten auch Sie sich auf die Schliche gekommen sein, einen der beschriebenen Typen zu verkörpern, werden Sie nun wahrscheinlich Passagen Ihres Lebens Revue passieren lassen und in manchen Fällen vielleicht sogar Reue verspüren. Dennoch, übertreiben Sie es nicht mit dem Reuegefühl, sondern schauen Sie nach vorn und beobachten Sie künftig Ihr Verhalten im Berufsumfeld und im privaten Bereich. Vielleicht identifizieren Sie das eine oder andere Opfer und finden die Gründe für Ihre Probleme mit diesem Menschen heraus.

Es ist nie zu spät, an den eigenen Verhaltensmustern zu arbeiten oder sie sogar zu durchbrechen.

Zudem kann es auch möglich sein, dass Sie nur ein moderater, ein ansatz- oder phasenweiser Vampir sind, denn die im Buch beschriebenen Verhaltensmuster sind Schwarz-Weiß-Beschreibungen, die in ihrer Intensität der Verdeutlichung dienen. Etliche Grautöne können dazwischenliegen oder auch Mehrfachsymptome. Einem der Autoren ist ein Mensch mit der Kombination Fallstrick-, Experten- und Himalaja-Vampir bekannt. Nach fünfjähriger Beziehung, geprägt von Ungleichgewicht und Leid, kappte das Opfer die Freundschaft.

Und glauben Sie bitte auch nicht, dass die Autoren sich selbst nicht auch abgrenzen müssen. Im Idealzustand des menschlichen Miteinanders sind wir alle ausgeglichene Personen, in einer Balance von rationalem Denken und emotionaler Steuerung. Das Leben besteht aus Geben und Nehmen, und sollte eine wahre Balance zwischen beiden entstehen, dann brauchen wir nicht mehr über Vampirismus zu reden. Menschen streben bewusst oder unbewusst ihr ganzes Leben lang diesen Ausgleich an, der sich im fairen, respektvollen Umgang miteinander manifestiert, sowohl im privaten wie im beruflichen Leben. Letztlich geht es um Toleranz den Schwächen anderer gegenüber. Jeder Mensch hat Schwächen. Sie zu tolerieren und zu helfen, sie in Stärke umzuwandeln, wäre ein echtes Ziel. Checken Sie Ihre Toleranz-Levels.

Wir alle durchleben verschiedene Phasen im Leben. In einer dieser Phasen können wir für einen Freund durchaus einen Vampir darstellen. Ist die Freundschaft echt und der Freund tolerant, überlebt diese Freundschaft diese schlechte Phase, das Opfer vermag dem Psychovampir sogar zu helfen und ihn durch die schlechte Phase zu coachen. Auch das wäre ein Idealzustand zwischenmenschlicher Beziehungen. Fühlen wir uns in bestimmten Phasen fremdbestimmt durch äußere Umstände, die wir nicht ändern können, gilt es ebenso, an den Toleranz-Levels zu arbeiten. In manchen Situationen können wir noch so selbstbestimmt sein – also nicht opfergefährdet –, wir werden trotzdem fremdbestimmt, wenn auch mit größtem Widerwillen. Auch bei der Selbstbestimmung geht es um die Balance, denn wer zu selbstbestimmt ist, läuft Gefahr, nicht mehr beziehungsfähig zu sein! Viele Partnerschaften gehen heute gar nicht mehr in Konfliktphasen, da beide Partner zu selbstbestimmt sind. Die Fähigkeit oder das Interesse, sich mit der Andersartigkeit des Gegenübers auseinanderzusetzen, ist vielen Dauer-Singles abhanden gekommen.

Sie mögen nach dem Lesen dieses Buches das Gefühl haben, mit intensiver Selbstreflexion vor einem Berg an Aufgaben zu stehen. Vielleicht haben Sie auch die kränkende Selbsterkenntnis gewonnen, dass Sie sich Ihr ganzes Leben bereits in einer Opferrolle befinden, ohne sie jemals analysiert zu haben. Die Autoren bekräftigen auch in diesem Punkt die eigene Selbsterkenntnis – und haben gelernt, darüber zu lachen!

Vampir-Immunisierung ist ein lebenslanges Projekt. Halten Sie es wie beim Sporttraining: Sie werden nur besser, wenn Sie täglich trainieren. Es gibt kein vampirfreies Leben, aber an Ihrer ausbalancierten Selbstbestimmung können Sie täglich arbeiten. Es lohnt sich! Schließlich geht es um Ihr Leben!

Überlegen macht überlegen.
   (Antoine de Saint-Exupery)

Was nun?

Wollen Sie Ihre Geschichte mit uns teilen? Wir lesen sie gerne. Mehr Infos und Kontakte zu den Autoren unter:

www.psychovampire.com

Register

Absicherer 55
Ad-hoc-Angriffe 162
Ad-hoc-Entwaffnung vor Publikum 153
Aktualkonflikt 118
Änderung der Sichtweise 150
Anerkennung 73, 76

Balance 136 ff., 182
   Gesund sein nach dem Balance-Modell 137
   Präventiv-Check nach dem Balance-Modell 138 ff.
Bemerkungen, pro-aktive 166 f.
Beruf 76, 128
Beziehungen 76, 101, 128, 151
Beziehungsebene 107
Beziehungsfähigkeit 68
–, mangelnde 63

Chef 30, 35 f., 40, 61, 71, 79

Denkmalpflege-Vampir 25, 53, 180 f.
   Elterndenkmalpflege mit Lähmungserscheinungen 53
   Nachfolgeregelung, gelähmte 55
   Horde von Denkmalpflege-Vampiren 58
   Gegengift 60
Depression 51, 135
Direktangriff 168

Ebene, emotionale 107
Ebene, sachlich-rationale 107
Einfühlungsvermögen 63
Eltern 53 f., 88
Elterndenkmalpflege mit Lähmungserscheinungen 53
Opferprofil 54
psychologischer Mechanismus 55
Täterprofil 53

Register

Energieverteilung 158f.
Erkennen von vampirischen Situationen 111
– von vampirischen Personen 110
Erkenntnisfähigkeit 134
Erziehung, emotionale 74
Experten-Vampir 28, 83
 – mit Universal-Tipps 84
 –, ignoranter 83
 Gegengift 88
 Opferprofil 85, 88
 psychologischer Mechanismus 86, 88
 Täterprofil 85, 87

Fallstrick-Vampir 24, 34
 Gegengift 39
 Opferprofil 36, 39
 psychologischer Mechanismus 37, 39
 Täterprofil 35, 39
Familie 29, 82
Familienbetriebe 56
Feedback 176
Fremdbestimmtheit 148f.
 Checkliste 149f.
Fremdwahrnehmung 175

Geld 76, 128
Gesund sein nach dem Balance-Modell 137
Grundkonflikt 119

Himalaja-Phänomen 75f.
Himalaja-Vampir 26, 70, 79, 180
 Gegengift 75
 Opferprofil 73, 81
 psychologischer Mechanismus 74
 Täterprofil 72, 81
Hoffnung 133f., 136
Horde von Denkmalpflege-Vampiren 58
 Opferprofil 60
 Täterprofil 59
Horden 152

Ich-bin-es-nicht-gewesen-Vampir 28, 89
 Täter- und Opferprofile 96
 Gegengift 97
Immunisierung 150, 156f., 173, 183
Innovation 55, 57

Register

Ja-aber-Vampir 24, 40
   Gegengift 44
   Opferprofil 43
   psychologischer
   Mechanismus 43
   Täterprofil 42

Kinder 30, 53
Kindheit 124
Knopf, auf den K. drücken 20, 118, 143
Konflikt, innerer 119
Krankheiten 133
   Krankheitsbilder in der Positiven Psychologie 135
Kühlschrank-Vampir 25, 61
   Gegengift 65
   Opferprofil 64
   psychologischer
   Mechanismus 64
   Täterprofil 63
Lebenslauf, emotionaler 129 f.
–, offizieller 129
Leistung 72, 74, 76, 125
Liebe, elterliche 124
–, bedingte 74, 82, 125
–, bedingungslose 124
Liebesfähigkeit 134

Meinung der Leute 122
Menschenbild, positives 135
Methoden zur Entlarvung 113 ff.
   1. Methode 113
   2. Methode 114
   3. Methode 115
Mikrotraumen 102
Mitarbeitende 40, 60, 79
Mutter 88

Nachfolger 57
Nachfolgeregelung, gelähmte 55
   Opferprofil 57
   psychologischer
   Mechanismus 57
   Täterprofil 56
Nachrichtenagentur 94
Nasen-Vampir 27, 89
   Gegengift 95
   Täter- und Opferprofile 94

Nein sagen 76, 121
Notbremse 168

Opfer 22f., 117, 126
 –, potenzielle 29, 33

Partner (-schaft) 30, 37, 62, 76f., 101, 128, 183
Peseschkian, Nossrat 132, 136, 158
Präventiv-Check nach dem Balance-Modell 138
 Fragen zu Fantasie und Zukunft 141
 Fragen zum Kontakt 140
 Fragen zum Körper 139
 Fragen zur Leistung 140
Psychotherapie, Positive 18, 102, 118, 132, 134, 137, 142
Psychovampir für andere? 173
Psychovampir, Begriff 13
Psychovampir, depressiver 24, 44

Gegengift 52
Opferprofil 52
Sachbearbeitertyp, depressiver 44
Täterprofil 51
Unternehmertyp, depressiver 48

Qualitäten des Lebens, vier 137

Risiken 57f.

Sachbearbeitertyp, depressiver 44
Sachebene 107
Schwätzer 154
Schwiegermutter 30
Selbstbestimmtheit 149
Selbstbestimmung 21, 183
Selbstheilungsversuch 133
Selbsthilfe 132ff., 142
Selbstreflexion 22, 173ff., 179, 183
Selbstwahrnehmung 175
Selbstwertgefühl 23, 121ff., 124
 – steigern 129

–, geringes 33, 36, 94, 126
–, mangelndes 73
–, positives 123
Analyse 127 f.
Solotänzer 151
Stressmanagement 149
Stufe der Beobachtung und Distanzierung 142
Stufe der Inventarisierung 143
Stufe der situativen Ermutigung 144
Stufe der Verbalisierung 144
Stufe der Zielerweiterung 145

Täter 22, 117
Test: Bin ich vampirgefährdet? 169
Tipps für Notfälle 163
　Tipp 1 163
　Tipp 1 165
　Tipp 3 165

Überfall am Telefon 161
Überforderung, emotionale 69

Universalvampir 106
Unternehmertyp, depressiver 48
Ursache eines Konfliktes 117

Vampir, höflicher 27, 77
　Gegengift 82 f.
　Opferprofil 81
　psychologischer Mechanismus 81
　Täterprofil 81
Vampir, ignoranter 26, 66
　Gegengift 70
　Opferprofil 69
　psychologischer Mechanismus 69
　Täterprofil 68
Vampir, stummer 104
Vampirsprüche 107 ff., 152
Vampirthemen, zu vermeidende 154
–, emotionale 154 f.
Vater 70
Veränderung der eigenen Einstellung 22

Register

Veränderung des Verhaltens 29
Verzögerungstaktik 161
Vorgesetzter 29

Wahrnehmung, subjektive 101

Wege der Konfliktverarbeitung, vier 137
Wolf-im-Schafpelz-Vampir 28, 89
   Gegengift 96
   Täter- und Opferprofile 95

Sich selbst behaupten –
entspannter leben

192 Seiten
ISBN 978-3-442-17093-7

240 Seiten
ISBN 978-3-442-17048-7

272 Seiten
ISBN 978-3-442-17066-1

224 Seiten
ISBN 978-3-442-17044-9

Überall, wo es Bücher gibt und **Mosaik bei GOLDMANN** unter www.mosaik-goldmann.de

Die ganze Welt des Taschenbuchs
unter
www.goldmann-verlag.de

Literatur deutschsprachiger und
internationaler Autoren,
**Unterhaltung, Kriminalromane, Thriller,
Historische Romane** und **Fantasy-Literatur**

Aktuelle **Sachbücher** und **Ratgeber**

Bücher zu **Politik, Gesellschaft,
Naturwissenschaft** und **Umwelt**

Alles aus den Bereichen **Body, Mind + Spirit**
und **Psychologie**

Überall, wo es Bücher gibt und   unter www.goldmann-verlag.de

Goldmann Verlag • Neumarkter Straße 28 • 81673 München